AF453144

CONTRIBUTIONS INDIRECTES

# Résultat de 40 mille calculs

# GUIDE

## ET

# COMPTES FAITS

A L'USAGE DE

## TOUS LES DÉBITANTS DE BOISSONS

Limonadiers, Cafetiers, Liquoristes, Marchands de vins,

EN GROS ET EN DÉTAIL

PAR

## Henri PRUVOST

Employé des Contributions indirectes.

—

**1re Edition tirée à cent mille exemplaires.**

—

NUL DÉPOT EN FRANCE

L'OUVRAGE NE SE VENDRA QUE CHEZ L'ÉDITEUR

—

Prix rendu franco : 2 fr.

—

## PARIS

LIBRAIRIE DES COMMUNES, E. ROME, ÉDITEUR

14, RUE DE LA SORBONNE, 14.

—

Année 1868

Tout exemplaire qui ne sera pas revêtu de la signature de l'Éditeur, sera réputé contrefait, et les contrefacteurs seront poursuivis conformément aux lois.

# AVIS AUX EMPLOYÉS

## DES

## CONTRIBUTIONS INDIRECTES.

## 420,000,000 de calculs.

Le devoir de tout citoyen dans un pays libre est de fournir son grain de sable à l'œuvre sociale, soit en faisant le bien pour donner le bon exemple, soit en écrivant pour répandre le conseil et le germe du bien.

Le même auteur fera mettre prochainement sous presse : un nouveau carnet ayant pour titre l'*Aide de l'Employé*, résultat de 420 millions de calculs donnant :

1° Le droit net à percevoir de toutes les valeurs possibles, d'un seul trait, sans calculer ;

2° La minute de tous les états ; 114 abonnements donnant, sans recherche et sans calculer, la quantité, litre pour litre, et le droit net lorsqu'on connaît le montant de la soumission d'abonnement et le prix moyen ; avec l'aide de cette minute, la besogne de 48 heures se fait en 2 heures ;

3° Tous les décomptes *faits en entiers* sur les quantités d'alcool vendues en détail, depuis 1 litre jusqu'à 500 ;

4° La transvasion en bouteilles de toutes les contenances, depuis 20 litres jusqu'à 300, à toutes les capacités. (Les forcements ne sont pas oubliés.) Résultat de 3,360 divisions !

5° Prix de toutes les quantités de boissons à tirer en produits, au 53 A à tous les prix ; plus, un guide-âne pour le 50 A et 50 D, à seule fin d'éviter les erreurs toujours très-désagréables ;

6° Un nouveau procédé pour obtenir de suite les dix millièmes de forcements à ajouter pour retrouver les totaux du double décime à l'état de produits, n° 55. Cette opération, prompte et facile, se règle sur le nombre de débitants figurant par tournée;

7° Deux petits tableaux (résultat d'une combinaison de chiffres de DEUX CENT MILLIONS de calculs), donnant sans chiffrer et sans calculer, et instantanément, les dix-millièmes à ajouter aux totaux du 15 p. 0/0, et ceux à soustraire aux totaux du 3 p. 0/0 de tous les états de produits, n° 55, sans exception, rien qu'en jetant un coup d'œil sur les totaux, sans voir l'intérieur des états de produits.

8° Droits de consommations sur l'alcool depuis 1 litre jusqu'à 10 mille litres, décomptes faits en entiers! Avec quelle rapidité ne va-t-on pas vérifier le Registre n° 9 d'une recette buraliste?

9° 15 p. 0/0, 3 p. 0/0 et double décime de toutes les sommes;

10° Vins, cidres, poirés et hydromels vendus au détail, en même temps que l'alcool. Barème ou combinaison de chiffres poussée à l'infini.

———

Prix du carnet de l'**Aide de l'Employé**, 6 francs rendu *franco*.

———

S'adresser à M. H. Pruvost, employé des contributions indirectes à Bezons (Seine-et-Oise) seul dépositaire.

# INTRODUCTION

Le calcul est la base de toute comptabilité. On ne peut effectuer aucune opération financière sans l'application des mathématiques, sans la connaissance pratique des règles de cette science.

Connaître d'une manière précise les rapports divers et multipliés des nombres entre eux ; savoir mettre à profit toutes les ressources de la combinaison des chiffres et pouvoir donner à tout travail qui en résulte le caractère d'une exacte et complète certitude, tel a été mon but.

La tâche que je me suis imposée n'a pas été sans difficultés par rapport aux caprices des forts centimes; chaque nouveau nombre pouvait amener des difficultés, car ce n'est qu'à l'aide de combinaisons de chiffres, qu'il m'a fallu créer, que je suis parvenu à tracer ce tarif qui est appelé à faire connaître, à chacun des intéressés, les droits dus à la régie, en ce qui concerne la vente en détail des boissons.

Pour être utile à tous, je n'ai donc pas reculé contre l'immensité des calculs qui se sont offerts à mes yeux, et si ce travail si pénible, resté inconnu jusqu'à ce jour, devient utile à la société, j'aurai réalisé mes vœux et obtenu ma récompense.

H. Pruvost,
*Employé des contributions indirectes, à Bezons*
(Seine-et-Oise).

Le présent travail donne, *sans calculer*, le droit dû à la régie de toutes les quantités de boissons vendues en détail à n'importe quel prix.

Chaque chiffre représenté dans cet ouvrage comporte huit calculs. Comme exemple, nous allons en donner une idée.

Combien un débitant de boissons aura-t-il de droit à payer à la régie lorsqu'il aura vendu, je suppose, 136 litres ou bouteilles de vin à raison de 75 centimes chaque ?

Calculs :

```
        136ˡ                          102ᶠ 00 de valeur.
        0.75ᶜ                              15
       ______                         ________
        680                            51000
        952                            10200
       ______                         ________
       102ᶠ00 de valeur.             15.30.00.... 15 p. %
 15.30
   3
________

0.45ᶜ90.... 3 p. % de déduction, ci..   0.45
                                        ______
       Reste au principal......  14.85
                                        (  1.49
       Double décime en plus.   {
                                        (  1.49
                                        ______
                Total.........   17.83
```

Le présent ouvrage évite de faire ces opérations longues et minutieuses, voyez page 17, si les droits dus à la régie s'élèvent bien à 17 fr. 83 c. pour un fût de 136 vendu à 75 centimes, combien un débitant de boissons aura-t-il de droit à payer à la régie lorsqu'il aura vendu, par exemple, 97 litres ou bouteilles de vin à raison de 4 fr. 50 c. chaque. Réponse, 76 fr. 24 c. Voyez page 27 !

Si par hasard on voulait réunir le droit dû d'une grosse quantité avec celui d'une petite, il ne faut pas s'étonner si on obtient parfois une différence en plus de 1, 2 ou 3 centimes, car c'est là le caprice des forcements.

# TARIF

### DES

## DROITS DUS A LA RÉGIE

### POUR LA VENTE

## DES VINS, CIDRES, POIRÉS ET HYDROMELS

### VENDUS

### soit par **Bouteille**, par **Litre** ou par **Fût**

### AUGMENTÉ

## DE DEUX TABLEAUX DONNANT ÉGALEMENT LES DROITS A PAYER SUR LES ALCOOLS, FRUITS OU LIQUEURS.

Le premier tableau pour les Débitants exercés et le second
pour les Débitants rédimés.

### PLUS

## DIVERS BARÊMES INDISPENSABLES

dont le dernier

### DONNE LA TRANSVASION DES FUTS EN BOUTEILLES A DIVERSES CAPACITÉS.

| Quantités. | DROITS DUS SUR LES BOISSONS VENDUES A LA BOUTEILLE OU AU LITRE, à raison de : | | | | | | | |
|---|---|---|---|---|---|---|---|---|
| | 10ᶜ | 15ᶜ | 20ᶜ | 25ᶜ | 30ᶜ | 35ᶜ | 40ᶜ | 45ᶜ |
| 1 | ».04 | ».05 | ».05 | ».06 | ».07 | ».08 | ».08 | ».09 |
| 2 | » 05 | ».07 | ».08 | ».10 | ».11 | ».15 | ».16 | ».18 |
| 3 | ».07 | ».09 | ».11 | ».16 | ».18 | ».20 | ».22 | ».27 |
| 4 | ».08 | ».11 | ».16 | ».19 | ».22 | ».27 | ».30 | ».33 |
| 5 | ».10 | ».16 | ».19 | ».23 | ».29 | ».33 | ».36 | ».41 |
| 6 | ».11 | ».18 | ».22 | ».29 | ».33 | ».40 | ».43 | ».48 |
| 7 | ».15 | ».20 | ».27 | ».33 | ».40 | ».44 | ».51 | ».57 |
| 8 | ».16 | ».22 | ».30 | ».36 | ».43 | ».55 | ».57 | ».65 |
| 9 | ».18 | ».27 | ».33 | ».41 | ».48 | ».57 | ».65 | ».72 |
| 10 | ».19 | ».29 | ».36 | ».45 | ».54 | ».64 | ».71 | ».80 |
| 11 | ».21 | ».31 | ».41 | ».51 | ».59 | ».69 | ».79 | ».89 |
| 12 | ».22 | ».33 | ».43 | ».54 | ».65 | ».76 | ».84 | ».95 |
| 13 | ».24 | ».36 | ».46 | ».58 | ».70 | ».81 | ».92 | 1.04 |
| 14 | ».27 | ».40 | ».51 | ».64 | ».76 | ».88 | 1. » | 1.13 |
| 15 | ».29 | ».41 | ».54 | ».68 | ».80 | ».93 | 1.06 | 1.19 |
| 16 | ».30 | ».43 | ».57 | ».71 | ».84 | 1. » | 1.14 | 1.27 |
| 17 | ».32 | ».46 | ».60 | ».77 | ».91 | 1.06 | 1.19 | 1.36 |
| 18 | ».33 | ».48 | ».65 | ».80 | ».95 | 1.13 | 1.27 | 1.43 |
| 19 | ».35 | ».52 | ».68 | ».84 | 1.02 | 1.17 | 1.35 | 1.52 |
| 20 | ».36 | ».54 | ».71 | ».89 | 1.06 | 1.24 | 1.41 | 1.59 |
| 21 | ».40 | ».57 | ».76 | ».93 | 1.13 | 1.30 | 1.49 | 1.66 |
| 22 | ».41 | ».59 | ».79 | ».99 | 1.17 | 1.37 | 1.55 | 1.75 |
| 23 | ».42 | ».63 | ».81 | 1.03 | 1.23 | 1.42 | 1.62 | 1.84 |
| 24 | ».43 | ».65 | ».84 | 1.06 | 1.27 | 1.49 | 1.68 | 1.90 |
| 25 | ».45 | ».68 | ».89 | 1.12 | 1.32 | 1.55 | 1.76 | 1.98 |

| Quantités. | DROITS DUS SUR LES BOISSONS VENDUES A LA BOUTEILLE OU AU LITRE, à raison de: | | | | | | | |
|---|---|---|---|---|---|---|---|---|
| | 50ᶜ | 55ᶜ | 60ᶜ | 65ᶜ | 70ᶜ | 75ᶜ | 80ᶜ | 90ᶜ |
| 1 | ».10 | ».11 | ».11 | ».12 | ».15 | ».16 | ».16 | ».18 |
| 2 | ».19 | ».21 | ».22 | ».24 | ».27 | ».29 | ».30 | ».33 |
| 3 | ».29 | ».31 | ».33 | ».36 | ».40 | ».41 | ».43 | ».48 |
| 4 | ».36 | ».41 | ».43 | ».46 | ».51 | ».54 | ».57 | ».63 |
| 5 | ».43 | ».51 | ».54 | ».58 | ».64 | ».68 | ».71 | ».80 |
| 6 | ».54 | ».59 | ».65 | ».70 | ».76 | ».80 | ».84 | ».95 |
| 7 | ».64 | ».69 | ».76 | ».81 | ».88 | ».93 | 1. » | 1.13 |
| 8 | ».71 | ».79 | ».84 | ».93 | 1. » | 1.06 | 1.14 | 1.27 |
| 9 | ».80 | ».89 | ».95 | 1.04 | 1.13 | 1.19 | 1.27 | 1.43 |
| 10 | ».89 | ».99 | 1.06 | 1.16 | 1.24 | 1.32 | 1.41 | 1.59 |
| 11 | ».99 | 1.07 | 1.17 | 1.27 | 1.37 | 1.47 | 1.55 | 1.75 |
| 12 | 1.06 | 1.17 | 1.27 | 1.38 | 1.49 | 1.59 | 1.68 | 1.90 |
| 13 | 1.16 | 1.27 | 1.38 | 1.50 | 1.61 | 1.73 | 1.84 | 2.07 |
| 14 | 1.24 | 1.37 | 1.49 | 1.61 | 1.73 | 1.86 | 1.97 | 2.22 |
| 15 | 1.32 | 1.47 | 1.59 | 1.73 | 1.86 | 1.98 | 2.11 | 2.37 |
| 16 | 1.41 | 1.55 | 1.68 | 1.84 | 1.97 | 2.11 | 2.25 | 2.52 |
| 17 | 1.51 | 1.65 | 1.79 | 1.96 | 2.10 | 2.25 | 2.38 | 2.70 |
| 18 | 1.59 | 1.75 | 1.90 | 2.07 | 2.22 | 2.37 | 2.52 | 2.84 |
| 19 | 1.67 | 1.85 | 2. » | 2.19 | 2.34 | 2.50 | 2.68 | 3. » |
| 20 | 1.76 | 1.95 | 2.11 | 2.28 | 3.46 | 2.63 | 2.81 | 3.16 |
| 21 | 1.86 | 2.03 | 2.22 | 2.39 | 2.59 | 2.76 | 2.95 | 3.32 |
| 22 | 1.95 | 2.13 | 2.33 | 2.51 | 2.71 | 2.91 | 3.09 | 3.47 |
| 23 | 2.02 | 2.23 | 2.43 | 2.63 | 2.83 | 3.04 | 3.16 | 3.64 |
| 24 | 2.11 | 2.33 | 2.52 | 2.73 | 2.95 | 3.16 | 3.36 | 3.79 |
| 25 | 2.21 | 2.43 | 2.63 | 2.85 | 3.08 | 3.30 | 3.51 | 3.94 |

| Quantités. | DROITS DUS SUR LES BOISSONS VENDUES A LA BOUTEILLE OU AU LITRE, à raison de : | | | | | | | |
| --- | --- | --- | --- | --- | --- | --- | --- | --- |
| | 10ᶜ | 15ᶜ | 20ᶜ | 25ᶜ | 30ᶜ | 35ᶜ | 40ᶜ | 45ᶜ |
| 26 | ».46 | ».70 | ».92 | 1.16 | 1.38 | 1.61 | 1.84 | 2.07 |
| 27 | ».48 | ».72 | ».95 | 1.19 | 1.43 | 1.66 | 1.90 | 2.14 |
| 28 | ».51 | ».76 | 1. » | 1.24 | 1.49 | 1.73 | 1.97 | 2.22 |
| 29 | ».53 | ».79 | 1.03 | 1.28 | 1.54 | 1.79 | 2.03 | 2.31 |
| 30 | ».54 | ».80 | 1.06 | 1.32 | 1.59 | 1.86 | 2.11 | 2.37 |
| 31 | ».56 | ».82 | 1.11 | 1.38 | 1.64 | 1.91 | 2.19 | 2.46 |
| 32 | ».57 | ».84 | 1.14 | 1.41 | 1.68 | 1.97 | 2.25 | 2.52 |
| 33 | ».59 | ».89 | 1.17 | 1.47 | 1.75 | 2.03 | 2.33 | 2.61 |
| 34 | ».60 | ».91 | 1.19 | 1.51 | 1.79 | 2.10 | 2.38 | 2.70 |
| 35 | ».64 | ».93 | 1.24 | 1.55 | 1.86 | 2.15 | 2.46 | 2.76 |
| 36 | ».65 | ».95 | 1.27 | 1.59 | 1.90 | 2.22 | 2.52 | 2.84 |
| 37 | ».67 | 1. » | 1.30 | 1.63 | 1.96 | 2.28 | 2.60 | 2.93 |
| 38 | ».68 | 1.02 | 1.35 | 1.67 | 2. » | 2.34 | 2.68 | 3. » |
| 39 | ».70 | 1.04 | 1.38 | 1.73 | 2.07 | 2.39 | 2.73 | 3.09 |
| 40 | ».71 | 1.06 | 1.41 | 1.76 | 2.11 | 2.46 | 2.81 | 3.16 |
| 41 | ».75 | 1.11 | 1.44 | 1.80 | 2.16 | 2.52 | 2.87 | 3.23 |
| 42 | ».76 | 1.13 | 1.49 | 1.86 | 2.22 | 2.59 | 2.95 | 3.32 |
| 43 | ».78 | 1.15 | 1.52 | 1.90 | 2.27 | 2.64 | 3.03 | 3.41 |
| 44 | ».79 | 1.17 | 1.55 | 1.95 | 2.33 | 2.71 | 3.09 | 3.47 |
| 45 | ».80 | 1.19 | 1.59 | 1.98 | 2.37 | 2.76 | 3.16 | 3.55 |
| 46 | ».81 | 1.23 | 1.62 | 2.02 | 2.43 | 2.83 | 3.22 | 3.64 |
| 47 | ».83 | 1.25 | 1.65 | 2.08 | 2.48 | 2.88 | 3.30 | 3.71 |
| 48 | ».84 | 1.27 | 1.68 | 2.11 | 2.52 | 2.95 | 3.36 | 3.79 |
| 49 | ».88 | 1.30 | 1.73 | 2.15 | 2.59 | 3.03 | 3.44 | 3.88 |
| 50 | ».89 | 1.32 | 1.76 | 2.21 | 2.63 | 3.08 | 3.51 | 3.94 |

| Quantités. | DROITS DUS SUR LES BOISSONS VENDUES A LA BOUTEILLE OU AU LITRE, à raison de : | | | | | | | |
|---|---|---|---|---|---|---|---|---|
| | 50ᶜ | 55ᶜ | 60ᶜ | 65ᶜ | 70ᶜ | 75ᶜ | 80ᶜ | 90ᶜ |
| 26 | 2.28 | 2.51 | 2.73 | 2.97 | 3.19 | 3.43 | 3.65 | 4.11 |
| 27 | 2.37 | 2.61 | 2.84 | 3.09 | 3.32 | 3.55 | 3.79 | 4.27 |
| 28 | 2.46 | 2.71 | 2.95 | 3.19 | 3.44 | 3.68 | 3.92 | 4.41 |
| 29 | 2.56 | 2.81 | 3.06 | 3.31 | 3.56 | 3.82 | 4.06 | 4.59 |
| 30 | 2.63 | 2.91 | 3.16 | 3.43 | 3.68 | 3.94 | 4.20 | 4.73 |
| 31 | 2.73 | 2.99 | 3.27 | 3.54 | 3.81 | 4.07 | 4.35 | 4.89 |
| 32 | 2.81 | 3.09 | 3.36 | 3.65 | 3.92 | 4.20 | 4.49 | 5.04 |
| 33 | 2.91 | 3.19 | 3.47 | 3.77 | 4.05 | 4.35 | 4.63 | 5.21 |
| 34 | 2.98 | 3.29 | 3.57 | 3.89 | 4.17 | 4.48 | 4.76 | 5.36 |
| 35 | 3.08 | 3.39 | 3.68 | 4. » | 4.29 | 4.61 | 4.90 | 5.51 |
| 36 | 3.16 | 3.47 | 3.79 | 4.11 | 4.41 | 4.73 | 5.04 | 5.68 |
| 37 | 3.24 | 3.57 | 3.90 | 4.23 | 4.54 | 4.87 | 5.19 | 5.83 |
| 38 | 3.33 | 3.67 | 4. » | 4.32 | 4.66 | 5. » | 5.33 | 5.98 |
| 39 | 3.43 | 3.77 | 4.11 | 4.44 | 4.78 | 5.12 | 5.46 | 6.16 |
| 40 | 3.51 | 3.87 | 4.20 | 4.55 | 4.90 | 5.25 | 5.60 | 6.30 |
| 41 | 3.59 | 3.95 | 4.30 | 4.66 | 5.03 | 5.39 | 5.74 | 6.46 |
| 42 | 3.68 | 4.05 | 4.41 | 4.78 | 5.14 | 5.51 | 5.87 | 6.60 |
| 43 | 3.78 | 4.15 | 4.52 | 4.90 | 5.27 | 5.64 | 6.03 | 6.78 |
| 44 | 3.87 | 4.25 | 4.63 | 5.01 | 5.39 | 5.79 | 6.17 | 6.93 |
| 45 | 3.94 | 4.35 | 4.73 | 5.12 | 5.51 | 5.92 | 6.30 | 7.08 |
| 46 | 4.03 | 4.43 | 4.84 | 5.24 | 5.63 | 6.05 | 6.44 | 7.25 |
| 47 | 4.13 | 4.53 | 4.95 | 5.36 | 5.76 | 6.18 | 6.58 | 7.40 |
| 48 | 4.20 | 4.63 | 5.04 | 5.46 | 5.87 | 6.30 | 6.71 | 7.55 |
| 49 | 4.29 | 4.73 | 5.14 | 5.58 | 6. » | 6.44 | 6.87 | 7.73 |
| 50 | 4.38 | 4.83 | 5.25 | 5.70 | 6.12 | 6.57 | 7. » | 7.87 |

| Quantités. | DROITS DUS SUR LES BOISSONS VENDUES A LA BOUTEILLE OU AU LITRE, à raison de : | | | | | | | |
|---|---|---|---|---|---|---|---|---|
| | 10ᶜ | 15ᶜ | 20ᶜ | 25ᶜ | 30ᶜ | 35ᶜ | 40ᶜ | 45ᶜ |
| 51 | ».91 | 1.36 | 1.79 | 2.25 | 2.70 | 3.12 | 3.57 | 4.03 |
| 52 | ».92 | 1.38 | 1.84 | 2.28 | 2.73 | 3.19 | 3.65 | 4.11 |
| 53 | ».94 | 1.41 | 1.87 | 2.34 | 2.80 | 3.27 | 3.71 | 4.18 |
| 54 | ».95 | 1.43 | 1.90 | 2.37 | 2.84 | 3.32 | 3.79 | 4.27 |
| 55 | ».99 | 1.47 | 1.95 | 2.43 | 2.91 | 3.39 | 3.87 | 4.35 |
| 56 | 1. » | 1.49 | 1.97 | 2.46 | 2.95 | 3.44 | 3.92 | 4.41 |
| 57 | 1.02 | 1.52 | 2. » | 2.50 | 3. » | 3.51 | 4. » | 4.50 |
| 58 | 1.03 | 1.54 | 2.03 | 2.56 | 3.06 | 3.56 | 4.06 | 4.59 |
| 59 | 1.05 | 1.56 | 2.08 | 2.60 | 3.11 | 3.63 | 4.14 | 4.66 |
| 60 | 1.06 | 1.59 | 2.11 | 2.63 | 3.16 | 3.68 | 4.20 | 4.73 |
| 61 | 1.08 | 1.62 | 2.14 | 2.69 | 3.21 | 3.76 | 4.28 | 4.80 |
| 62 | 1.11 | 1.64 | 2.19 | 2.73 | 3.27 | 3.81 | 4.35 | 4.89 |
| 63 | 1.13 | 1.66 | 2.22 | 2.76 | 3.32 | 3.88 | 4.41 | 4.98 |
| 64 | 1.14 | 1.68 | 2.25 | 2.81 | 3.36 | 3.92 | 4.49 | 5.04 |
| 65 | 1.16 | 1.73 | 2.28 | 2.85 | 3.43 | 4. » | 4.55 | 5.12 |
| 66 | 1.17 | 1.75 | 2.33 | 2.91 | 3.47 | 4.03 | 4.63 | 5.21 |
| 67 | 1.18 | 1.77 | 2.35 | 2.95 | 3.53 | 5.28 | 4.68 | 5.28 |
| 68 | 1.19 | 1.79 | 2.38 | 2.98 | 3.57 | 5.36 | 4.70 | 5.36 |
| 69 | 1.23 | 1.84 | 2.43 | 3.04 | 3.64 | 5.45 | 4.84 | 5.45 |
| 70 | 1.24 | 1.86 | 2.46 | 3.08 | 3.68 | 5.51 | 4.90 | 5.51 |
| 71 | 1.26 | 1.88 | 2.49 | 3.11 | 3.75 | 5.60 | 4.98 | 5.60 |
| 72 | 1.27 | 1.90 | 2.52 | 3.16 | 3.79 | 5.68 | 5.04 | 5.68 |
| 73 | 1.29 | 1.95 | 2.57 | 3.20 | 3.84 | 5.75 | 5.11 | 5.75 |
| 74 | 1.30 | 1.96 | 2.60 | 3.24 | 3.90 | 5.83 | 5.19 | 5.84 |
| 75 | 1.32 | 1.98 | 2.63 | 3.30 | 3.94 | 5.92 | 5.25 | 5.92 |

| Quantités. | DROITS DUS SUR LES BOISSONS VENDUES A LA BOUTEILLE OU AU LITRE, à raison de : | | | | | | | |
|---|---|---|---|---|---|---|---|---|
| | 50c | 55c | 60c | 65c | 70c | 75c | 80c | 90c |
| 51 | 4.48 | 4.91 | 5.36 | 5.82 | 6.24 | 6.69 | 7.14 | 8.03 |
| 52 | 4.55 | 5.01 | 5.46 | 5.92 | 6.36 | 6.82 | 7.28 | 8.19 |
| 53 | 4.65 | 5.11 | 5.57 | 6.04 | 6.51 | 6.96 | 7.41 | 8.35 |
| 54 | 4.73 | 5.21 | 5.68 | 6.16 | 6.60 | 7.08 | 7.55 | 8.50 |
| 55 | 4.83 | 5.31 | 5.79 | 6.27 | 6.75 | 7.23 | 7.71 | 8.67 |
| 56 | 4.90 | 5.39 | 5.87 | 6.36 | 6.87 | 7.36 | 7.84 | 8.82 |
| 57 | 5. » | 5.49 | 5.98 | 6.48 | 7. » | 7.49 | 7.98 | 8.97 |
| 58 | 5.08 | 5.59 | 6.09 | 6.60 | 7.11 | 7.62 | 8.12 | 9.12 |
| 59 | 5.16 | 5.69 | 6.20 | 6.71 | 7.24 | 7.75 | 8.25 | 9.30 |
| 60 | 5.25 | 5.79 | 6.30 | 6.82 | 7.36 | 7.87 | 3.39 | 9.44 |
| 61 | 5.35 | 5.87 | 6.40 | 6.94 | 7.48 | 8.01 | 8.55 | 9.60 |
| 62 | 5.44 | 5.97 | 6.47 | 7.05 | 7.60 | 8.14 | 8.68 | 9.76 |
| 63 | 5.51 | 6.07 | 6.60 | 7.17 | 7.73 | 8.26 | 8.82 | 9.92 |
| 64 | 5.60 | 6.17 | 6.71 | 7.28 | 7.84 | 8.39 | 8.95 | 10.07 |
| 65 | 5.70 | 6.27 | 6.82 | 7.39 | 7.97 | 8.55 | 9.09 | 10.24 |
| 66 | 5.79 | 6.35 | 6.93 | 7.51 | 8.09 | 8.67 | 9.23 | 10.39 |
| 67 | 5.86 | 6.45 | 7.03 | 7.63 | 8.21 | 8.80 | 9.36 | 10.54 |
| 68 | 5.95 | 6.55 | 7.14 | 7.74 | 8.33 | 8.93 | 9.52 | 10.71 |
| 69 | 6.05 | 6.65 | 7.25 | 7.85 | 8.46 | 9.06 | 9.66 | 10.87 |
| 70 | 6.12 | 6.75 | 7.36 | 7.97 | 8.57 | 9.19 | 9.79 | 11.01 |
| 71 | 6.22 | 6.83 | 7.44 | 8.09 | 8.70 | 9.32 | 9.93 | 11.19 |
| 72 | 6.30 | 6.93 | 7.55 | 8.19 | 8.82 | 9.44 | 10.07 | 11.33 |
| 73 | 6.40 | 7.03 | 7.66 | 8.31 | 8.94 | 9.58 | 10.20 | 11.49 |
| 74 | 6.47 | 7.13 | 7.77 | 8.43 | 9.06 | 9.71 | 10.36 | 11.64 |
| 75 | 6.57 | 7.23 | 7.87 | 8.55 | 9.19 | 9.83 | 10.49 | 11.81 |

| Quantités. | DROITS DUS SUR LES BOISSONS VENDUES A LA BOUTEILLE OU AU LITRE, à raison de : | | | | | | | |
|---|---|---|---|---|---|---|---|---|
| | 10ᶜ | 15ᶜ | 20ᶜ | 25ᶜ | 30ᶜ | 35ᶜ | 40ᶜ | 45ᶜ |
| 76 | 1.35 | 2. » | 2.68 | 3.33 | 4. » | 5.98 | 5.33 | 5.98 |
| 77 | 1.37 | 2.03 | 2.71 | 3.39 | 4.05 | 6.07 | 5.39 | 6.07 |
| 78 | 1.38 | 2.07 | 2.73 | 3.43 | 4.11 | 6.16 | 5.46 | 6.16 |
| 79 | 1.40 | 2.09 | 2.76 | 3.47 | 4.16 | 6.22 | 5.52 | 6.22 |
| 80 | 1.41 | 2.11 | 2.81 | 3.51 | 4.20 | 6.30 | 5.60 | 6.30 |
| 81 | 1.43 | 2.14 | 2.84 | 3.55 | 4.27 | 6.39 | 5.68 | 6.35 |
| 82 | 1.44 | 2.16 | 2.87 | 3.59 | 4.30 | 6.46 | 5.74 | 6.46 |
| 83 | 1.48 | 2.20 | 2.92 | 3.65 | 4.37 | 6.55 | 5.82 | 6.55 |
| 84 | 1.49 | 2.22 | 2.95 | 3.68 | 4.41 | 6.60 | 5.87 | 6.60 |
| 85 | 1.51 | 2.25 | 2.98 | 3.72 | 4.48 | 6.69 | 5.95 | 6.69 |
| 86 | 1.52 | 2.27 | 3.03 | 3.78 | 4.52 | 6.78 | 6.03 | 6.78 |
| 87 | 1.54 | 2.31 | 3.06 | 3.82 | 4.59 | 6.87 | 6.09 | 6.87 |
| 88 | 1.55 | 2.33 | 3.09 | 3.87 | 4.63 | 6.93 | 6.17 | 6.93 |
| 89 | 1.56 | 2.35 | 3.11 | 3.90 | 4.67 | 7.01 | 6.22 | 7.01 |
| 90 | 1.59 | 2.37 | 3.16 | 3.94 | 4.73 | 7.08 | 6.30 | 7.08 |
| 91 | 1.61 | 2.39 | 3.19 | 4. » | 4.78 | 7.17 | 6.36 | 7.17 |
| 92 | 1.62 | 2.43 | 3.22 | 4.03 | 4.84 | 7.25 | 6.44 | 7.25 |
| 93 | 1.64 | 2.46 | 3.27 | 4.07 | 4.89 | 7.32 | 6.52 | 7.32 |
| 94 | 1.65 | 2.48 | 3.30 | 4.13 | 4.95 | 7.40 | 6.58 | 7.39 |
| 95 | 1.67 | 2.50 | 3.33 | 4.17 | 5. » | 7.49 | 6.65 | 7.49 |
| 96 | 1.68 | 2.52 | 3.36 | 4.20 | 5.04 | 7.55 | 6.71 | 7.55 |
| 97 | 1.72 | 2.57 | 3.41 | 4.26 | 5.10 | 7.64 | 6.79 | 7.64 |
| 98 | 1.73 | 2.59 | 3.44 | 4.29 | 5.14 | 7.73 | 6.87 | 7.73 |
| 99 | 1.75 | 2.61 | 3.47 | 4.35 | 5.21 | 7.79 | 6.93 | 7.79 |
| 100 | 1.76 | 2.63 | 3.51 | 4.38 | 5.25 | 7.87 | 7. » | 7.87 |

| Quantités. | DROITS DUS SUR LES BOISSONS VENDUES A LA BOUTEILLE OU AU LITRE, à raison de : | | | | | | | |
| --- | --- | --- | --- | --- | --- | --- | --- | --- |
| | 50ᶜ | 55ᶜ | 60ᶜ | 65ᶜ | 70ᶜ | 75ᶜ | 80ᶜ | 90ᶜ |
| 76 | 6.65 | 7.31 | 7.98 | 8.63 | 9.31 | 9.96 | 10.63 | 11.96 |
| 77 | 6.75 | 7.41 | 8.09 | 8.75 | 9.43 | 10.11 | 10.77 | 12.11 |
| 78 | 6.82 | 7.51 | 8.19 | 8.87 | 9.55 | 10.24 | 10.90 | 12.28 |
| 79 | 7.92 | 7.61 | 8.28 | 8.98 | 9.68 | 10.36 | 11.04 | 12.43 |
| 80 | 7. » | 7.71 | 8.39 | 9.09 | 9.79 | 10.49 | 11.20 | 12.58 |
| 81 | 7.68 | 7.79 | 8.50 | 9.21 | 9.92 | 10.63 | 11.33 | 12.76 |
| 82 | 7.17 | 7.89 | 8.60 | 9.32 | 10.04 | 10.76 | 11.47 | 12.90 |
| 83 | 7.27 | 7.99 | 8.71 | 9.44 | 10.16 | 10.88 | 11.61 | 13.06 |
| 84 | 7.36 | 8.09 | 8.82 | 9.55 | 10.28 | 11.01 | 11.74 | 13.20 |
| 85 | 7.43 | 8.19 | 8.93 | 9.67 | 10.41 | 11.15 | 11.88 | 13.38 |
| 86 | 7.52 | 8.27 | 9.03 | 9.78 | 10.52 | 11.27 | 12.04 | 13.53 |
| 87 | 7.62 | 8.37 | 9.12 | 9.90 | 10.65 | 11.40 | 12.17 | 13.68 |
| 88 | 7.71 | 8.47 | 9.23 | 10.01 | 10.77 | 11.55 | 12.51 | 13.85 |
| 89 | 7.78 | 8.57 | 9.33 | 10.12 | 10.89 | 11.68 | 12.44 | 14. » |
| 90 | 7.87 | 8.67 | 9.44 | 10.24 | 11.01 | 11.81 | 12.58 | 14.15 |
| 91 | 7.97 | 8.75 | 9.55 | 10.36 | 11.14 | 11.94 | 12.72 | 14.33 |
| 92 | 8.04 | 8.85 | 9.66 | 10.47 | 11.26 | 12.06 | 12.87 | 14.47 |
| 93 | 8.14 | 8.95 | 9.76 | 10.56 | 11.38 | 12.20 | 13.01 | 14.63 |
| 94 | 8.22 | 9.05 | 9.87 | 10.68 | 11.50 | 12.33 | 13.15 | 14.79 |
| 95 | 8.32 | 9.15 | 9.96 | 10.80 | 11.63 | 12.45 | 13.28 | 14.95 |
| 96 | 8.39 | 9.23 | 10.07 | 10.96 | 11.74 | 12.58 | 13.42 | 15.10 |
| 97 | 8.49 | 9.33 | 10.17 | 11.02 | 11.87 | 12.72 | 13.56 | 15.27 |
| 98 | 8.57 | 9.43 | 10.28 | 11.14 | 11.99 | 12.85 | 13.71 | 15.42 |
| 99 | 8.67 | 9.53 | 10.39 | 11.26 | 12.11 | 12.99 | 13.85 | 15.57 |
| 100 | 8.74 | 9.63 | 10.79 | 11.36 | 12.23 | 13.12 | 13.98 | 15.72 |

| FUTS de | DROITS DUS SUR LES BOISSONS VENDUES A LA BOUTEILLE OU AU LITRE, à raison de : | | | | | | | |
|---|---|---|---|---|---|---|---|---|
| | 10ᶜ | 15ᶜ | 20ᶜ | 25ᶜ | 30ᶜ | 35ᶜ | 40ᶜ | 45ᶜ |
| 100 | 1.76 | 2.63 | 3.51 | 4.38 | 5.25 | 6.12 | 7. » | 7.87 |
| 106 | 1.87 | 2.80 | 3.71 | 4.65 | 5.57 | 6.51 | 7.41 | 8.35 |
| 110 | 1.95 | 2.91 | 3.87 | 4.83 | 5.79 | 6.75 | 7.71 | 8.67 |
| 112 | 1.97 | 2.95 | 3.92 | 4.90 | 5.87 | 6.87 | 7.84 | 8.82 |
| 114 | 2. » | 3. » | 4. » | 5. » | 5.98 | 7. » | 7.98 | 8.97 |
| 115 | 2.02 | 3.04 | 4.03 | 5.04 | 6.05 | 7.04 | 8.04 | 9.06 |
| 120 | 2.11 | 3.16 | 4.20 | 5.25 | 6.30 | 7.36 | 8.39 | 9.44 |
| 125 | 2.21 | 3.30 | 4.38 | 5.44 | 6.57 | 7.66 | 8.74 | 9.83 |
| 128 | 2.25 | 3.36 | 4.49 | 5.60 | 6.71 | 7.84 | 8.95 | 10.07 |
| 130 | 2.28 | 3.43 | 4.55 | 5.70 | 6.82 | 7.97 | 9.09 | 10.24 |
| 136 | 2.38 | 3.57 | 4.76 | 5.95 | 7.14 | 8.26 | 9.52 | 10.71 |
| 140 | 2.46 | 3.68 | 4.90 | 6.12 | 7.36 | 8.57 | 9.79 | 11.01 |
| 145 | 2.56 | 3.82 | 5.08 | 6.34 | 7.62 | 8.88 | 10.14 | 11.40 |
| 150 | 2.63 | 3.94 | 5.25 | 6.57 | 7.87 | 9.09 | 10.49 | 11.81 |
| 155 | 2.73 | 4.07 | 5.44 | 6.79 | 8.14 | 9.48 | 10.85 | 12.20 |
| 160 | 2.81 | 4.20 | 5.60 | 7. » | 8.39 | 9.79 | 11.20 | 12.58 |
| 165 | 2.91 | 4.35 | 5.79 | 7.23 | 8.67 | 10.11 | 11.55 | 12.99 |
| 170 | 2.98 | 4.48 | 5.95 | 7.43 | 8.93 | 10.41 | 11.88 | 13.38 |
| 175 | 3.08 | 4.61 | 6.12 | 7.66 | 9.19 | 10.72 | 12.23 | 13.77 |
| 180 | 3.16 | 4.73 | 6.30 | 7.87 | 9.44 | 11.01 | 12.58 | 14.15 |
| 190 | 3.33 | 5. » | 6.65 | 8.32 | 9.96 | 11.55 | 13.28 | 14.85 |
| 200 | 3.51 | 5.25 | 7. » | 8.74 | 10.49 | 12.23 | 13.98 | 15.72 |
| 205 | 3.59 | 5.39 | 7.17 | 8.96 | 10.76 | 12.55 | 14.34 | 16.13 |
| 210 | 3.68 | 5.51 | 7.36 | 9.19 | 11.01 | 12.84 | 14.69 | 16.52 |
| 215 | 3.78 | 5.64 | 7.52 | 9.41 | 11.27 | 13.16 | 15.04 | 16.91 |

| FUTS de | DROITS DUS SUR LES BOISSONS VENDUES A LA BOUTEILLE OU AU LITRE, à raison de : | | | | | | | |
|---|---|---|---|---|---|---|---|---|
| | 50ᶜ | 55ᶜ | 60ᶜ | 65ᶜ | 70ᶜ | 75ᶜ | 80ᶜ | 90ᶜ |
| 100 | 8.74 | 9.63 | 10.49 | 11.36 | 12.23 | 13.12 | 13.98 | 15.72 |
| 106 | 9.28 | 10.19 | 11.12 | 12.05 | 12.96 | 13.90 | 14.82 | 16.67 |
| 110 | 9.63 | 10.59 | 11.55 | 12.51 | 13.47 | 14.43 | 15.39 | 17.31 |
| 112 | 9.79 | 10.77 | 11.74 | 12.72 | 13.71 | 14.69 | 15.66 | 17.61 |
| 114 | 9.96 | 10.97 | 11.96 | 12.95 | 13.96 | 14.95 | 15.93 | 17.93 |
| 115 | 10.06 | 11.07 | 12.06 | 13.07 | 14.08 | 15.08 | 16.07 | 18.09 |
| 120 | 10.49 | 11.55 | 12.58 | 13.63 | 14.69 | 15.72 | 16.77 | 18.88 |
| 125 | 10.92 | 12.04 | 13.12 | 14.21 | 15.30 | 16.39 | 17.47 | 19.66 |
| 128 | 11.20 | 12.31 | 13.42 | 14.55 | 15.66 | 16.77 | 17.88 | 20.13 |
| 130 | 11.36 | 12.51 | 13.63 | 14.76 | 15.91 | 17.04 | 18.18 | 20.45 |
| 136 | 11.88 | 13.07 | 14.26 | 15.45 | 16.64 | 17.83 | 19.02 | 21.39 |
| 140 | 12.23 | 13.47 | 14.69 | 15.91 | 17.12 | 18.34 | 19.56 | 22.02 |
| 145 | 12.68 | 13.96 | 15.20 | 16.48 | 17.74 | 19.02 | 20.26 | 22.80 |
| 150 | 13.12 | 14.43 | 15.72 | 16.96 | 18.34 | 19.66 | 20.96 | 23.59 |
| 155 | 13.55 | 14.85 | 16.26 | 17.61 | 18.96 | 20.32 | 21.67 | 24.39 |
| 160 | 13.98 | 15.39 | 16.77 | 18 18 | 19.56 | 20.96 | 22.37 | 25.16 |
| 165 | 14.43 | 15.88 | 17.31 | 18.87 | 20.20 | 21.64 | 23.07 | 25.96 |
| 170 | 14.85 | 16.35 | 17.83 | 19.31 | 20.80 | 22.28 | 23.75 | 26.73 |
| 175 | 15.30 | 16.83 | 18.34 | 19.88 | 21.41 | 22.92 | 24.45 | 27.53 |
| 180 | 15.72 | 17.31 | 18.88 | 20.45 | 22.02 | 23.59 | 25.16 | 28.30 |
| 190 | 16.61 | 18.27 | 19.91 | 21.58 | 23.24 | 24.90 | 26.56 | 29.87 |
| 200 | 17.47 | 19.23 | 20.96 | 22.72 | 24.45 | 26.21 | 27.94 | 31.43 |
| 205 | 17.92 | 19.72 | 21.48 | 23.28 | 25.07 | 26.86 | 28.65 | 32.23 |
| 210 | 18.34 | 20.20 | 22.02 | 23.85 | 25.67 | 27.53 | 29.35 | 33. » |
| 215 | 18.79 | 20.67 | 22.53 | 24.43 | 26.31 | 28.17 | 30.05 | 33.80 |

| FUTS de | DROITS DUS SUR LES BOISSONS VENDUES A LA BOUTEILLE OU AU LITRE, à raison de : | | | | | | | |
|---|---|---|---|---|---|---|---|---|
| | 10ᶜ | 15ᶜ | 20ᶜ | 25ᶜ | 30ᶜ | 35ᶜ | 40ᶜ | 45ᶜ |
| 220 | 3.87 | 5.79 | 7.71 | 9.63 | 11.55 | 13.47 | 15.39 | 17.31 |
| 225 | 3.94 | 5.92 | 7.87 | 9.83 | 11.81 | 13.77 | 15.72 | 17.70 |
| 228 | 4. » | 5.98 | 7.98 | 9.96 | 11.96 | 13.96 | 15.93 | 17.93 |
| 230 | 4.03 | 6.05 | 8.04 | 10.06 | 12.06 | 14.08 | 16.07 | 18.09 |
| 235 | 4.13 | 6.18 | 8.22 | 10.28 | 12.33 | 14.37 | 16.42 | 18.48 |
| 240 | 4.20 | 6.30 | 8.39 | 10.49 | 12.58 | 14.69 | 16.77 | 18.88 |
| 245 | 4.29 | 6.44 | 8.57 | 10.72 | 12.84 | 14.99 | 17.12 | 19.27 |
| 250 | 4.38 | 6.57 | 8.74 | 10.92 | 13.12 | 15 30 | 17.47 | 19.66 |
| 255 | 4.48 | 6.69 | 8.93 | 11.15 | 13.38 | 15.59 | 17.83 | 20.07 |
| 260 | 4.55 | 6.82 | 9.09 | 11.36 | 13.63 | 15.91 | 18.18 | 20.45 |
| 270 | 4.73 | 7. » | 9.44 | 11.81 | 13.98 | 16.42 | 18.88 | 21.23 |
| 280 | 4.90 | 7.36 | 9.79 | 12.23 | 14.69 | 17.12 | 19.56 | 22.02 |
| 290 | 5.08 | 7.62 | 10.14 | 12.68 | 15.29 | 17.74 | 20.26 | 22.72 |
| 300 | 5.25 | 7.87 | 10.49 | 13.12 | 15.72 | 18.34 | 20.96 | 23.59 |
| 400 | 7. » | 10.49 | 13.98 | 17.47 | 20.96 | 24.45 | 27.91 | 31.43 |
| 500 | 8.74 | 13.12 | 17.47 | 21.83 | 26.21 | 30.57 | 34.92 | 39.30 |
| 600 | 10.49 | 15.72 | 20.96 | 26.21 | 31.43 | 36.68 | 41.92 | 47.15 |
| 700 | 12.23 | 18.34 | 24.45 | 30.57 | 36.68 | 42.79 | 48.90 | 55.02 |
| 800 | 13.98 | 20.96 | 27.94 | 34.92 | 41.92 | 48.90 | 55.88 | 62.86 |
| 900 | 15.72 | 23.59 | 31.43 | 39.30 | 47.15 | 55.02 | 62.86 | 70.73 |
| 1000 | 17.47 | 26.21 | 34.92 | 43.66 | 52.39 | 61.13 | 69.84 | 78.58 |
| 2000 | 34.92 | 52.39 | 69.84 | 87.31 | 104.76 | 122.23 | 139.68 | 157.15 |
| 3000 | 52.39 | 78.58 | 104.76 | 130.97 | 157.15 | 183.34 | 209.52 | 235.73 |
| 4000 | 69.84 | 104.77 | 139.68 | 174.60 | 209.52 | 244.44 | 279.36 | 314.28 |
| 5000 | 87.31 | 130.97 | 174.60 | 218.26 | 261.91 | 305.37 | 349.20 | 398.62 |

| FUTS de | DROITS DUS SUR LES BOISSONS VENDUES A LA BOUTEILLE OU AU LITRE, à raison de : | | | | | | | |
|---|---|---|---|---|---|---|---|---|
| | 50ᶜ | 55ᶜ | 60ᶜ | 65ᶜ | 70ᶜ | 75ᶜ | 80ᶜ | 90ᶜ |
| 220 | 19.23 | 21.15 | 23.07 | 24.99 | 26.91 | 28.83 | 30.75 | 34.59 |
| 225 | 19.66 | 21.64 | 23.59 | 25.55 | 27.53 | 29.49 | 31.43 | 35.37 |
| 228 | 19.91 | 21.91 | 23.91 | 25.89 | 27.89 | 29.87 | 31.86 | 35.84 |
| 230 | 20.10 | 22.12 | 24.10 | 26.12 | 28.13 | 30.15 | 32.14 | 36.16 |
| 235 | 20.55 | 22.59 | 24.64 | 26.70 | 28.74 | 30.79 | 32.84 | 36.94 |
| 240 | 20.96 | 23.07 | 25.16 | 27.24 | 29.35 | 31.43 | 33.54 | 37.73 |
| 245 | 21.41 | 23.56 | 25.67 | 27.82 | 29.96 | 32.11 | 34.24 | 38.51 |
| 250 | 21.83 | 24.04 | 26.21 | 28.30 | 30.57 | 32.75 | 34.92 | 39.30 |
| 255 | 22.28 | 24.51 | 26.73 | 28.97 | 31.18 | 33.41 | 35.63 | 40.08 |
| 260 | 22.72 | 24.99 | 27.24 | 29.51 | 31.79 | 34.06 | 36.33 | 40.87 |
| 270 | 23.59 | 25.96 | 28.30 | 30.67 | 33. » | 35.37 | 37.73 | 42.44 |
| 280 | 24.45 | 26.91 | 29.35 | 31.79 | 34.24 | 36.68 | 39.12 | 44.01 |
| 290 | 25.32 | 27.88 | 30.40 | 32.94 | 35.46 | 38. » | 40.52 | 45.58 |
| 300 | 26.21 | 28.83 | 31.43 | 34.06 | 36.68 | 39.30 | 41.92 | 47.15 |
| 400 | 34.92 | 36.43 | 41.92 | 45.41 | 48.90 | 52.39 | 55.88 | 62.86 |
| 500 | 43.66 | 48.04 | 52.39 | 56.75 | 61.13 | 65.49 | 69.84 | 78.58 |
| 600 | 52.39 | 57.64 | 62.86 | 71.11 | 73.35 | 78.58 | 83.82 | 94.29 |
| 700 | 61.13 | 67.24 | 73.35 | 79.47 | 85.56 | 91.67 | 97.78 | 110.01 |
| 800 | 69.84 | 76.84 | 83.82 | 90.85 | 97.78 | 104.76 | 111.76 | 125.72 |
| 900 | 78.58 | 86.45 | 94.29 | 102.16 | 110.01 | 117.88 | 125.72 | 141.44 |
| 1000 | 87.31 | 96.05 | 104.76 | 113.50 | 122.23 | 131.97 | 139.68 | 157.15 |
| 2000 | 174.60 | 192.07 | 209.52 | 226.99 | 244.44 | 261.91 | 279.36 | 314.28 |
| 3000 | 261.91 | 288.10 | 314.28 | 340.49 | 366.67 | 392.86 | 419.04 | 471.43 |
| 4000 | 349.20 | 384.12 | 419.04 | 453.96 | 488.88 | 523.80 | 558.72 | 628.56 |
| 5000 | 436.51 | 480.17 | 523.80 | 567.46 | 611.11 | 654.77 | 698.40 | 785.71 |

| Quantités. | DROITS DUS SUR LES BOISSONS VENDUES A LA BOUTEILLE OU AU LITRE, à raison de : | | | | | |
|---|---|---|---|---|---|---|
| | **1ᶠ** | **1ᶠ25ᶜ** | **1ᶠ50ᶜ** | **1ᶠ75ᶜ** | **2ᶠ** | **2ᶠ25ᶜ** |
| 1 | ».19 | ».23 | ».29 | ».33 | ».36 | ».41 |
| 2 | ».36 | ».45 | ».54 | ».64 | ».71 | ».80 |
| 3 | ».54 | ».68 | ».80 | ».93 | 1.06 | 1.19 |
| 4 | ».71 | ».89 | 1.06 | 1.24 | 1.41 | 1.59 |
| 5 | ».89 | 1.12 | 1.32 | 1.55 | 1.76 | 1.98 |
| 6 | 1.06 | 1.32 | 1.59 | 1.86 | 2.11 | 2.37 |
| 7 | 1.24 | 1.55 | 1.86 | 2.15 | 2.46 | 2.76 |
| 8 | 1.41 | 1.76 | 2.11 | 2.46 | 2.81 | 3.16 |
| 9 | 1.59 | 1.98 | 2.37 | 2.76 | 3.16 | 3.55 |
| 10 | 1.76 | 2.21 | 2.63 | 3.08 | 3.51 | 3.94 |
| 11 | 1.95 | 2.43 | 2.91 | 3.39 | 3.87 | 4.35 |
| 12 | 2.11 | 2.63 | 3.16 | 3.68 | 4.20 | 4.73 |
| 13 | 2.28 | 2.85 | 3.43 | 4.00 | 4.55 | 5.12 |
| 14 | 2.46 | 3.08 | 3.68 | 4.29 | 4.90 | 5.51 |
| 15 | 2.63 | 3.30 | 3.94 | 4.61 | 5.25 | 5.92 |
| 16 | 2.81 | 3.51 | 4.20 | 4.90 | 5.60 | 6.30 |
| 17 | 2.98 | 3.72 | 4.48 | 5.22 | 5.95 | 6.69 |
| 18 | 3.16 | 3.94 | 4.73 | 5.51 | 6.30 | 7.08 |
| 19 | 3.33 | 4.17 | 5.00 | 5.83 | 6.65 | 7.49 |
| 20 | 3.51 | 4.38 | 5.25 | 6.12 | 7.00 | 7.87 |
| 21 | 3.68 | 4.61 | 5.51 | 6.44 | 7.36 | 8.26 |
| 22 | 3.87 | 4.83 | 5.79 | 6.75 | 7.71 | 8.67 |
| 23 | 4.03 | 5.04 | 6.05 | 7.04 | 8.04 | 9.06 |
| 24 | 4.20 | 5.25 | 6.30 | 7.36 | 8.39 | 9.44 |
| 25 | 4.38 | 5.47 | 6.57 | 7.66 | 8.74 | 9.83 |

| Quantités. | DROITS DUS SUR LES BOISSONS VENDUES A LA BOUTEILLE OU AU LITRE, à raison de : | | | | | |
|---|---|---|---|---|---|---|
| | 2f50c | 3f | 3f50c | 4f | 4f50c | 5f |
| 1 | ».45 | ».54 | ».64 | ».71 | ».80 | ».89 |
| 2 | ».89 | 1.06 | 1.24 | 1.41 | 1.59 | 1.76 |
| 3 | 1.32 | 1.59 | 1.86 | 2.11 | 2.37 | 2.63 |
| 4 | 1.76 | 2.11 | 2.46 | 2.81 | 3.16 | 3.51 |
| 5 | 2.21 | 2.63 | 3.08 | 3.51 | 3.94 | 4.38 |
| 6 | 2.63 | 3.16 | 3.68 | 4.20 | 4.73 | 5.25 |
| 7 | 3.08 | 3.68 | 4.29 | 4.90 | 5.51 | 6.12 |
| 8 | 3.51 | 4.20 | 4.90 | 5.60 | 6.30 | 7.00 |
| 9 | 3.94 | 4.73 | 5.51 | 6.30 | 7.08 | 7.87 |
| 10 | 4.38 | 5.25 | 6.12 | 7.00 | 7.87 | 8.74 |
| 11 | 4.83 | 5.79 | 6.75 | 7.71 | 8.67 | 9.63 |
| 12 | 5.25 | 6.30 | 7.36 | 8.39 | 9.44 | 10.49 |
| 13 | 5.70 | 6.82 | 7.97 | 9.09 | 10.24 | 11.36 |
| 14 | 6.12 | 7.36 | 8.57 | 9.79 | 11.01 | 12.23 |
| 15 | 6.57 | 7.87 | 9.19 | 10.49 | 11.81 | 13.12 |
| 16 | 7.00 | 8.39 | 9.79 | 11.20 | 12.58 | 13.98 |
| 17 | 7.43 | 8.93 | 10.41 | 11.88 | 13.38 | 14.85 |
| 18 | 7.87 | 9.44 | 11.01 | 12.58 | 14.15 | 15.72 |
| 19 | 8.32 | 9.96 | 11.63 | 13.28 | 14.95 | 16.61 |
| 20 | 8.74 | 10.49 | 12.23 | 13.98 | 15.72 | 17.47 |
| 21 | 9.19 | 11.01 | 12.84 | 14.69 | 16.52 | 18.34 |
| 22 | 9.63 | 11.55 | 13.47 | 15.39 | 17.31 | 19.23 |
| 23 | 10.06 | 12.06 | 14.08 | 16.07 | 18.09 | 20.10 |
| 24 | 10.49 | 12.58 | 14.69 | 16.77 | 18.88 | 20.96 |
| 25 | 10.92 | 13.12 | 15.20 | 17.47 | 19.66 | 21.83 |

| Quantités. | DROITS DUS SUR LES BOISSONS VENDUES A LA BOUTEILLE OU AU LITRE, à raison de : | | | | | |
|---|---|---|---|---|---|---|
| | 1f | 1f25c | 1f50c | 1f75c | 2f | 2f25c |
| 26 | 4.55 | 5.70 | 6.82 | 7.97 | 9.09 | 10.24 |
| 27 | 4.73 | 5.92 | 7.07 | 8.26 | 9.44 | 10.63 |
| 28 | 4.90 | 6.12 | 7.36 | 8.57 | 9.79 | 11.01 |
| 29 | 5.08 | 6.34 | 7.62 | 8.88 | 10.14 | 11.40 |
| 30 | 5.25 | 6.57 | 7.87 | 9.19 | 10.49 | 11.81 |
| 31 | 5.44 | 6.79 | 8.14 | 9.48 | 10.85 | 12.20 |
| 32 | 5.60 | 7.00 | 8.39 | 9.79 | 11.20 | 12.58 |
| 33 | 5.79 | 7.23 | 8.67 | 10.11 | 11.55 | 12.99 |
| 34 | 5.95 | 7.43 | 8.93 | 10.41 | 11.88 | 13.38 |
| 35 | 6.12 | 7.66 | 9.19 | 10.72 | 12.23 | 13.77 |
| 36 | 6.30 | 7.87 | 9.44 | 11.01 | 12.58 | 14 15 |
| 37 | 6.47 | 8.10 | 9.71 | 11.33 | 12.93 | 14.56 |
| 38 | 6.65 | 8.32 | 9.96 | 11.63 | 13.28 | 14.95 |
| 39 | 6.82 | 8.55 | 10.24 | 11.94 | 13.63 | 15.34 |
| 40 | 7.00 | 8.74 | 10.49 | 12.23 | 13.98 | 15.72 |
| 41 | 7.17 | 8.96 | 10.76 | 12.55 | 14.34 | 16.13 |
| 42 | 7.36 | 9.19 | 11.01 | 12.84 | 14.69 | 16.52 |
| 43 | 7.52 | 9.41 | 11.27 | 13.16 | 15.04 | 16.91 |
| 44 | 7.71 | 9.63 | 11.55 | 13.47 | 15.39 | 17.31 |
| 45 | 7.87 | 9.83 | 11.81 | 13.77 | 15.72 | 17.70 |
| 46 | 8.04 | 10.06 | 12.06 | 14.08 | 16.07 | 18.09 |
| 47 | 8.22 | 10.28 | 12.33 | 14.37 | 16.42 | 18.48 |
| 48 | 8.39 | 10.49 | 12.58 | 14.69 | 16.77 | 18.88 |
| 49 | 8.57 | 10.72 | 12.84 | 14.99 | 17.12 | 19.27 |
| 50 | 8.74 | 10.92 | 13.12 | 15.20 | 17.47 | 19.66 |

| Quantités. | DROITS DUS SUR LES BOISSONS VENDUES A LA BOUTEILLE OU AU LITRE, à raison de : | | | | | |
|---|---|---|---|---|---|---|
| | 2f 50c | 3f | 3f 50c | 4f | 4f 50c | 5f |
| 26 | 11.36 | 13.63 | 15.91 | 18.18 | 20.45 | 22.72 |
| 27 | 11.81 | 14.15 | 16.52 | 18.88 | 21.23 | 23.59 |
| 28 | 12.23 | 14.69 | 17.12 | 19.56 | 22.02 | 24.45 |
| 29 | 12.68 | 15.20 | 17.74 | 20.26 | 22.80 | 25.32 |
| 30 | 13.12 | 15.72 | 18.34 | 20.96 | 23.59 | 26.21 |
| 31 | 13.55 | 16.26 | 18.96 | 21.67 | 24.39 | 27.08 |
| 32 | 13.98 | 16.77 | 19.56 | 22.37 | 25.16 | 27.94 |
| 33 | 14.43 | 17.31 | 20.20 | 23.07 | 25.96 | 28.83 |
| 34 | 14.85 | 17.83 | 20.80 | 23.75 | 26.73 | 29.70 |
| 35 | 15.30 | 18.34 | 21.41 | 24.45 | 27.53 | 30.57 |
| 36 | 15.72 | 18.88 | 22.02 | 25.16 | 28.30 | 31.43 |
| 37 | 16.17 | 19.23 | 22.63 | 25.86 | 29.10 | 32.32 |
| 38 | 16.61 | 19.91 | 23.24 | 26.56 | 29.87 | 33.19 |
| 39 | 17.04 | 20.45 | 23.85 | 27.24 | 30.67 | 34.06 |
| 40 | 17.47 | 20.96 | 24.45 | 27.94 | 31.43 | 34.92 |
| 41 | 17.92 | 21.48 | 25.07 | 28.65 | 32.23 | 35.81 |
| 42 | 18.34 | 22.02 | 25.67 | 29.35 | 33.00 | 36.68 |
| 43 | 18.79 | 22.53 | 26.31 | 30.05 | 33.80 | 37.55 |
| 44 | 19.23 | 23.07 | 26.91 | 30.75 | 34.59 | 38.43 |
| 45 | 19.66 | 23.59 | 27.53 | 31.43 | 35.37 | 39.30 |
| 46 | 20.10 | 24.10 | 28.13 | 32.14 | 36.16 | 40.17 |
| 47 | 20.55 | 24.64 | 28.74 | 32.84 | 36.94 | 41.04 |
| 48 | 20.96 | 25.16 | 29.35 | 33.54 | 37.73 | 41.92 |
| 49 | 21.41 | 25.67 | 29.96 | 34.24 | 38.51 | 42.79 |
| 50 | 21.83 | 26.21 | 30.57 | 34.92 | 39.30 | 43.66 |

| Quantités. | DROITS DUS<br>SUR LES BOISSONS VENDUES A LA BOUTEILLE OU AU LITRE.<br>à raison de : | | | | | |
|---|---|---|---|---|---|---|
| | 1ᶠ | 1ᶠ25ᶜ | 1ᶠ50ᶜ | 1ᶠ75ᶜ | 2ᶠ | 2ᶠ25ᶜ |
| 51 | 8.93 | 11.15 | 13.38 | 15.59 | 17.83 | 20.07 |
| 52 | 9.09 | 11.36 | 13.63 | 15.91 | 18.18 | 20.45 |
| 53 | 9.28 | 11.59 | 13.90 | 16.23 | 18.53 | 20.84 |
| 54 | 9.44 | 11.81 | 14.15 | 16.52 | 18.88 | 21.23 |
| 55 | 9.63 | 12.04 | 14.43 | 16.83 | 19.23 | 21.64 |
| 56 | 9.79 | 12.23 | 14.69 | 17.12 | 19.56 | 22.02 |
| 57 | 9.96 | 12.45 | 14.95 | 17.45 | 19.91 | 22.41 |
| 58 | 10.14 | 12.68 | 15.20 | 17.74 | 20.26 | 22.80 |
| 59 | 10.31 | 12.90 | 15.47 | 18.05 | 20.61 | 23.21 |
| 60 | 10.49 | 13.12 | 15.72 | 18.34 | 20.96 | 23.59 |
| 61 | 10.66 | 13.32 | 16. » | 18.66 | 21.32 | 23.98 |
| 62 | 10.85 | 13.55 | 16.26 | 18.96 | 21.67 | 24.39 |
| 63 | 11.01 | 13.77 | 16.52 | 19.27 | 22.02 | 24.78 |
| 64 | 11.20 | 13.98 | 16.77 | 19.56 | 22.37 | 25.16 |
| 65 | 11.36 | 14.21 | 17.04 | 19.88 | 22.72 | 25.55 |
| 66 | 11.55 | 14.43 | 17.31 | 20.20 | 23.07 | 25.96 |
| 67 | 11.71 | 14.64 | 17.57 | 20.49 | 23.40 | 26.35 |
| 68 | 11 88 | 14.85 | 17.83 | 20.80 | 23.75 | 26.73 |
| 69 | 12.06 | 15.08 | 18.09 | 21.10 | 24.10 | 27.11 |
| 70 | 12.23 | 15.30 | 18.34 | 21.41 | 24.45 | 27.53 |
| 71 | 12.42 | 15.53 | 18.63 | 21.71 | 24.81 | 27.92 |
| 72 | 12.58 | 15.72 | 18.88 | 22.02 | 25.16 | 28.30 |
| 73 | 12.77 | 15.94 | 19.14 | 22.32 | 25.51 | 28.71 |
| 74 | 12.93 | 16.17 | 19.40 | 22.63 | 25.86 | 29.10 |
| 75 | 13.12 | 16.39 | 19.66 | 22.92 | 26.21 | 29.49 |

| Quantités. | DROITS DUS SUR LES BOISSONS VENDUES A LA BOUTEILLE OU AU LITRE, à raison de : | | | | | |
|---|---|---|---|---|---|---|
| | 2f 50c | 3f | 3f 50c | 4f | 4f 50c | 5f |
| 51 | 21.28 | 26.73 | 31.18 | 35.63 | 40.08 | 44.53 |
| 52 | 22.72 | 27.24 | 31.79 | 36.33 | 40.87 | 45.41 |
| 53 | 23.15 | 27.78 | 32.40 | 37.03 | 41.67 | 46.28 |
| 54 | 23.59 | 28.30 | 33.00 | 37.73 | 42.44 | 47.15 |
| 55 | 24.04 | 28.83 | 33.64 | 38.43 | 43.24 | 48.04 |
| 56 | 24.45 | 29.35 | 34.24 | 39.12 | 44.01 | 48.90 |
| 57 | 24.90 | 29.87 | 34.86 | 39.82 | 44.81 | 49.77 |
| 58 | 25.32 | 30.40 | 35.46 | 40.52 | 45.58 | 50.64 |
| 59 | 25.77 | 30.92 | 36.08 | 41.22 | 46.38 | 51.53 |
| 60 | 26.21 | 31.43 | 36.68 | 41.92 | 47.15 | 52.39 |
| 61 | 26.64 | 31.97 | 37.29 | 42.63 | 47.95 | 53.26 |
| 62 | 27.08 | 32.49 | 37.90 | 43.31 | 48.72 | 54.15 |
| 63 | 27.53 | 33.00 | 38.51 | 44.01 | 49.52 | 55.02 |
| 64 | 27.94 | 33.54 | 39.12 | 44.71 | 50.31 | 55.88 |
| 65 | 28.39 | 34.06 | 39.73 | 45.41 | 51.09 | 56.75 |
| 66 | 28.83 | 34.59 | 40.36 | 46.12 | 51.88 | 57.64 |
| 67 | 29.26 | 35.11 | 40.97 | 46.80 | 52.66 | 58.51 |
| 68 | 29.70 | 35.63 | 41.57 | 47.50 | 53.45 | 59.37 |
| 69 | 30.15 | 36.16 | 42.19 | 48.20 | 54.23 | 60.24 |
| 70 | 30.57 | 36.68 | 42.79 | 48.90 | 55.02 | 61.13 |
| 71 | 31.02 | 37.20 | 43.41 | 49.61 | 55.80 | 62.00 |
| 72 | 31.43 | 37.73 | 44.01 | 50.31 | 56.59 | 62.86 |
| 73 | 31.88 | 38.25 | 44.63 | 50.99 | 57.39 | 63.75 |
| 74 | 32.32 | 38.79 | 45.23 | 51.69 | 58.16 | 64.62 |
| 75 | 32.75 | 39.30 | 45.84 | 52.39 | 58.96 | 65.49 |

| Quantités. | DROITS DUS SUR LES BOISSONS VENDUES A LA BOUTEILLE OU AU LITRE, à raisón de : | | | | | |
|---|---|---|---|---|---|---|
| | 1ᶠ | 1ᶠ25ᶜ | 1ᶠ50ᶜ | 1ᶠ75ᶜ | 2ᶠ | 2ᶠ25ᶜ |
| 76 | 13.28 | 16.61 | 19.91 | 23.24 | 26.56 | 29.87 |
| 77 | 13.47 | 16.83 | 20.20 | 23.56 | 26.91 | 30.28 |
| 78 | 13.63 | 17.04 | 20.45 | 23.85 | 27.24 | 30.67 |
| 79 | 13.80 | 17.26 | 20.71 | 24.16 | 27.59 | 31.05 |
| 80 | 13.93 | 17.47 | 20.96 | 24.45 | 27.94 | 31.43 |
| 81 | 14.15 | 17.70 | 21.23 | 24.78 | 28.30 | 31.84 |
| 82 | 14.34 | 17.92 | 21.48 | 25.07 | 28.65 | 32.23 |
| 83 | 14.50 | 18.15 | 21.76 | 25.38 | 29.00 | 32.62 |
| 84 | 14.69 | 18.34 | 22.02 | 25.67 | 29.35 | 33.00 |
| 85 | 14.85 | 18.57 | 22.28 | 26.00 | 29.70 | 33.41 |
| 86 | 15.01 | 18.79 | 22.53 | 26.31 | 30.05 | 33.80 |
| 87 | 15.20 | 19.02 | 22.80 | 26.60 | 30.40 | 34.19 |
| 88 | 15.39 | 19.23 | 23.07 | 26.91 | 30.75 | 34.59 |
| 89 | 15.55 | 19.43 | 23.33 | 27.21 | 31.08 | 34.98 |
| 90 | 15.72 | 19.66 | 23.59 | 27.53 | 31.43 | 35.37 |
| 91 | 15.91 | 19.88 | 23.85 | 27.82 | 31.79 | 37.76 |
| 92 | 16.07 | 20.10 | 24.10 | 28.13 | 32.14 | 36.16 |
| 93 | 16.26 | 20.32 | 24.39 | 28.43 | 32.49 | 36.55 |
| 94 | 16.42 | 20.55 | 24.64 | 28.74 | 32.84 | 36.94 |
| 95 | 16.61 | 20.75 | 24.90 | 29.04 | 33.19 | 37.35 |
| 96 | 16.77 | 20.96 | 25.16 | 29.35 | 33.54 | 37.73 |
| 97 | 16.96 | 21.19 | 25.42 | 29.67 | 33.89 | 38.12 |
| 98 | 17.12 | 21.41 | 25.67 | 29.96 | 34.24 | 38.51 |
| 99 | 17.31 | 21.64 | 25.96 | 30.28 | 34.59 | 38.92 |
| 100 | 17.47 | 21.83 | 26.21 | 30.57 | 34.92 | 39.30 |

| Quantités. | DROITS DUS SUR LES BOISSONS VENDUES A LA BOUTEILLE OU AU LITRE, à raison de : | | | | | |
|---|---|---|---|---|---|---|
| | 2f50c | 3f | 3f50c | 4f | 4f50c | 5f |
| 76 | 33.19 | 39.82 | 46.47 | 53.10 | 59.73 | 66.35 |
| 77 | 33.64 | 40.36 | 47.08 | 53.80 | 60.53 | 67.24 |
| 78 | 34.06 | 40.87 | 47.69 | 54.48 | 61.30 | 68.11 |
| 79 | 34.51 | 41.39 | 48.30 | 55.18 | 62.10 | 68.98 |
| 80 | 34.92 | 41.92 | 48.90 | 55.88 | 62.86 | 69.84 |
| 81 | 35.37 | 42.44 | 49.52 | 56.59 | 63.66 | 70.73 |
| 82 | 35.81 | 42.96 | 50.12 | 57.29 | 64.43 | 71.60 |
| 83 | 36.24 | 43.40 | 50.74 | 57.99 | 65.23 | 72.47 |
| 84 | 36.68 | 44.01 | 51.34 | 58.67 | 66.00 | 73.35 |
| 85 | 37.13 | 44.55 | 51.96 | 59.37 | 66.80 | 74.22 |
| 86 | 37.55 | 45.06 | 52.56 | 60.03 | 67.59 | 75.09 |
| 87 | 38.00 | 45.58 | 53.19 | 60.78 | 68.37 | 75.96 |
| 88 | 38.43 | 46.12 | 53.80 | 61.48 | 69.16 | 76.84 |
| 89 | 38.86 | 46.63 | 54.41 | 62.16 | 6 9.94 | 77.71 |
| 90 | 39.30 | 47.15 | 55.02 | 62.86 | 70.73 | 78.58 |
| 91 | 39.75 | 47.69 | 55.63 | 63.57 | 71.51 | 79.47 |
| 92 | 40.17 | 48.20 | 56.24 | 64.27 | 72.30 | 80.33 |
| 93 | 40.62 | 48.72 | 56.85 | 64.97 | 73.08 | 81.20 |
| 94 | 41.04 | 49.26 | 57.45 | 65.67 | 73.87 | 82.07 |
| 95 | 41.49 | 49.77 | 58.07 | 66.35 | 74.67 | 82.96 |
| 96 | 41.92 | 50.31 | 58.67 | 67.06 | 75.44 | 83.82 |
| 97 | 42.35 | 50.83 | 59.31 | 67.76 | 76.24 | 84.69 |
| 98 | 42.79 | 51.34 | 59.91 | 68.46 | 77.01 | 85.56 |
| 99 | 43.24 | 51.88 | 60.53 | 69.16 | 77.81 | 86.43 |
| 100 | 43.66 | 52.39 | 61.13 | 69.84 | 78.58 | 87.31 |

# TABLEAUX

## DE LA CONTENANCE DES FUTS ET DU PRIX DE REVIENT PAR LITRE

(1,200 Divisions.)

### à l'usage des marchands de vins.

———

#### MANIÈRE DE S'EN SERVIR :

Supposons qu'une personne achète une pièce de vin de 230 litres, pour le prix de 80 fr. 50 c., à combien lui revient le litre ?

Pour le savoir, descendons verticalement la colonne qui a pour titre 2 hect. 30 litr., jusqu'à la rencontre du prix de cette pièce; puis, suivons du bout du doigt et dans le sens horizontal la ligne de chiffres en allant de droite à gauche jusqu'à la première colonne qui donne en centimes le prix d'un litre et nous trouverons 35 centimes; car, en multipliant 35 centimes par 2 hect. 30 litr., nous obtiendrons exactement le prix total de 80 fr. 50 c. Il s'ensuit qu'on peut de suite décider de ce qu'on désire gagner par litre.

Observations : pour les fûts de 105, 106, 110, 114, 125 et 136 litres, on prendra la moitié du prix coûtant. Exemple : soit un fût de 125 litres pour le prix de 100 francs; je dis, la moitié de 100 francs est de 50 francs, que je cherche dans la colonne qui a pour titre le double de 125 litres, *c'est donc* 250. Eh bien ! je descends cette colonne verticalement jusqu'au prix de 50 francs; puis, allant de droite à gauche, jusqu'à la première colonne, je trouve 20 centimes, prix d'un litre; car 20 multiplié par 125 litres, égale bien 100 francs, prix de la pièce. Lorsqu'on ne trouve pas le prix de la pièce, on prend le chiffre le plus rapproché.

Si également on ne trouve pas la contenance du fût acheté au titre de ce tableau, on prendra la contenance qui se rapproche le plus, et en suivant la marche que nous indiquons, on trouvera également en centimes le prix d'un litre.

## Jaugeage et contenance des tonneaux.

On obtient la capacité d'un tonneau en prenant par diamètre moyen le tiers de deux fois le diamètre du bouge e d'une fois le diamètre du fond , et en multipliant la surface du diamètre moyen par la longueur de la futaille. — Voici, du reste, la contenance des tonneaux de diverses contrées.

### Contenance en litres des fûts de divers pays.

Marseille, pièce, 228 litres. — *Languedoc, Roussillon*, demi-queue, 272; demi-muid, 340 à 360. — *Gironde*, Bordeaux, pièce ou barrique, 228; quartaut, 110. — *Auvergne*, pièce, 210. — *Tarn-et-Garonne, Lot-et-Garonne, Lot, Dordogne, Gers*, barrique, 228. — *Anjou*, Nantes, pièce, 245. — *Touraine*, Tours, Vouvray, pièce, 250. — *Cher*, poinçon, 250. — Pouilly-sur-Loire, quart, 105. — Blois, poinçon, 228; pièce, 236. — *Loiret*, Orléans, pièce, 230. — *Rhône*, pièce, 212. — *Côte-d'Or*, Dijon, demi-queue, 223. — Châlon-sur-Saône, demi-queue, 222. — Mâcon, *Beaujolais*, Pouilly-Mâcon, etc., pièce, 212; quart, 104. — Beaune, Nuits, quartaut, 113. — *Yonne*, Auxerre, Joigny, Chablis, pièce, 272; feuillette, 136. — *Champagne*, Épernay, Reims, pièce, 200. — *Seine-et-Oise*, pièce, 228; muid, 266. — Creusier, 212. — Venaison, 206. — Sancerre, 230. — Sologne, 236. — Chinon, 240. — Renaison, 210. — Mâcon et Charlieu, 212. — *Auvergne et Sancerre*, 215. — Fitout, Riceys, Pouilly, Cahors, Marseille, 220. — Lachaise et Gaillac, 225. — Beaune, Châlons, Chinon et Bordeaux, 228. — *Nantaise*, Anjou, 230. — Orléans, Beaugency, Blois et Loiret, 236. — *Cher*, Vouvray, Touraine, 250. — Muid de Bourgogne, 272.

---

|  |  |  |
|---|---|---|
| **DROITS UNIQUES** pour **Paris.** | Vins en cercles par hectolitre.... | 20 fr. 60 c. |
|  | Id. en bouteilles par cent....... | 30 fr. » c. |
|  | L'hectolitre d'alcool pur soit de 100 degrés.................. | 138 fr. 50 c. |

# TABLEAU
## DE LA CONTENANCE DES FUTS ET DU PRIX DE REVIENT PAR LITRE
(1,200 Divisions.)

| PRIX du LITRE. | 1h 30l | 1h 36l | 2h 10l | 2h 12l | 2h 15l | 2h 20l |
|---|---|---|---|---|---|---|
| Centimes | | | | | | |
| 1 | 1.30 | 1.36 | 2.10 | 2.12 | 2.15 | 2.20 |
| 2 | 2.60 | 2.72 | 4.20 | 4.24 | 4.30 | 4.40 |
| 3 | 3.90 | 4.08 | 6.30 | 6.36 | 6.45 | 6.60 |
| 4 | 5.20 | 5.44 | 8.40 | 8.48 | 8.60 | 8.80 |
| 5 | 6.50 | 6.80 | 10.50 | 10.60 | 10.75 | 11. » |
| 6 | 7.80 | 8.16 | 12.60 | 12.72 | 12.90 | 13.20 |
| 7 | 9.10 | 9.52 | 14.70 | 14.84 | 15.05 | 15.40 |
| 8 | 10.40 | 10.88 | 16.80 | 16.96 | 17.20 | 17.60 |
| 9 | 11.70 | 12.24 | 18.90 | 19.08 | 19.35 | 19.80 |
| 10 | 13. » | 13.60 | 21. » | 21.20 | 21.50 | 22. » |
| 11 | 14.30 | 14.96 | 23.10 | 23.32 | 23.65 | 24.20 |
| 12 | 15.60 | 16.32 | 25.20 | 25.44 | 25.80 | 26.40 |
| 13 | 16.90 | 17.68 | 27.30 | 27.56 | 27.95 | 28.60 |
| 14 | 18.20 | 19.04 | 29.40 | 29.68 | 30.10 | 30.80 |
| 15 | 19.50 | 20.40 | 31.50 | 31.80 | 32.25 | 33. » |
| 16 | 20.80 | 21.76 | 33.60 | 33.92 | 34.40 | 35.20 |
| 17 | 22.10 | 23.12 | 35.70 | 36.04 | 36 55 | 37.40 |
| 18 | 23.40 | 24.48 | 37.80 | 38.16 | 38.70 | 39.60 |
| 19 | 24.70 | 25.84 | 39.90 | 40.28 | 40.85 | 41.80 |
| 20 | 26. » | 27.20 | 42. » | 42.40 | 43. » | 44. » |
| 21 | 27.30 | 28.56 | 44.10 | 44.52 | 45.15 | 46.20 |
| 22 | 28.60 | 29.92 | 46.20 | 46.64 | 47.30 | 48.40 |
| 23 | 29.90 | 31.28 | 48.30 | 48.76 | 49.45 | 50.60 |
| 24 | 31.20 | 32.64 | 50.40 | 50.88 | 51.60 | 52.80 |
| 25 | 32.50 | 34. » | 52.50 | 53. » | 53.75 | 55. » |

# TABLEAU
## DE LA CONTENANCE DES FUTS ET DU PRIX DE REVIENT PAR LITRE
### (1,200 Divisions.)

| PRIX du LITRE. | 2ʰ 25ˡ | 2ʰ 28ˡ | 2ʰ 30ˡ | 2ʰ 36ˡ | 2ʰ 50ˡ | 2ʰ 72ˡ |
|---|---|---|---|---|---|---|
| Centimes | | | | | | |
| 1 | 2.25 | 2.28 | 2.30 | 2.36 | 2.50 | 2.72 |
| 2 | 4.50 | 4.56 | 4.60 | 4.72 | 5. » | 5.44 |
| 3 | 6.75 | 6.84 | 6.90 | 7.08 | 7.50 | 8.16 |
| 4 | 9. » | 9.12 | 9.20 | 9.44 | 10. » | 10.88 |
| 5 | 11.25 | 11.40 | 11.50 | 11.80 | 12.50 | 13.60 |
| 6 | 13.50 | 13.68 | 13.80 | 14.16 | 15. » | 16.32 |
| 7 | 15.75 | 15.96 | 16.10 | 16.52 | 17.50 | 19.04 |
| 8 | 18. » | 18.24 | 18.40 | 18.88 | 20. » | 21.76 |
| 9 | 20.25 | 20.52 | 20.70 | 21.24 | 22.50 | 24.48 |
| 10 | 22.50 | 22.80 | 23. » | 23.60 | 25. » | 27.20 |
| 11 | 24.75 | 25.08 | 25.30 | 25.96 | 27.50 | 29.92 |
| 12 | 27. » | 27.36 | 27.60 | 28.32 | 30. » | 32.64 |
| 13 | 29.25 | 29.64 | 29.90 | 30.68 | 32.50 | 35.36 |
| 14 | 31.50 | 31.92 | 32.20 | 33.04 | 35. » | 38.08 |
| 15 | 33.75 | 34.20 | 34.50 | 35.40 | 37.50 | 40.80 |
| 16 | 36. » | 36.48 | 36.80 | 37.76 | 40. » | 43.52 |
| 17 | 38.25 | 38.76 | 39.10 | 40.12 | 42.50 | 46.24 |
| 18 | 40.50 | 41.04 | 41.40 | 42.48 | 45. » | 48.96 |
| 19 | 42.75 | 43.32 | 43.70 | 44.85 | 47.50 | 51.68 |
| 20 | 45. » | 45.60 | 46. » | 47.20 | 50. » | 54.40 |
| 21 | 47.25 | 47.88 | 48.30 | 49.56 | 52.50 | 57.12 |
| 22 | 49.50 | 50.16 | 50.60 | 51.92 | 55. » | 59.84 |
| 23 | 51.75 | 52.44 | 52.90 | 54.28 | 57.50 | 62.56 |
| 24 | 54. » | 54.72 | 55.20 | 56.64 | 60. » | 65.28 |
| 25 | 56.25 | 57. » | 57.50 | 59. » | 62.50 | 68. » |

# TABLEAU
## DE LA CONTENANCE DES FUTS ET DU PRIX DE REVIENT PAR LITRE
### (1,200 Divisions.)

| PRIX du LITRE. | 1ʰ 30ˡ | 1ʰ 36ˡ | 2ʰ 10ˡ | 2ʰ 12ˡ | 2ʰ 15ˡ | 2ʰ 20ˡ |
|---|---|---|---|---|---|---|
| Centimes | | | | | | |
| 26 | 33.80 | 35.36 | 54.60 | 55.12 | 55.90 | 57.20 |
| 27 | 35.10 | 36.72 | 56.70 | 57.24 | 58.05 | 59.40 |
| 28 | 36.40 | 38.08 | 58.80 | 59.36 | 60.20 | 61.60 |
| 29 | 37.70 | 39.44 | 60.90 | 61.48 | 62.35 | 63.80 |
| 30 | 39. » | 40.80 | 63. » | 63.60 | 64.50 | 66. » |
| 31 | 40.30 | 42.16 | 65.10 | 65.72 | 66.65 | 68.20 |
| 32 | 41.60 | 43.52 | 67.20 | 67.84 | 68.80 | 70.40 |
| 33 | 42.90 | 44.88 | 69.30 | 69.96 | 70.95 | 72.60 |
| 34 | 44.20 | 46.24 | 71.40 | 72.08 | 73.10 | 74.80 |
| 35 | 45.50 | 47.60 | 73.50 | 74.20 | 75.25 | 77. » |
| 36 | 46.80 | 48.96 | 75.60 | 76.32 | 77.40 | 79.20 |
| 37 | 48.10 | 50.32 | 77.70 | 78.44 | 79.55 | 81.40 |
| 38 | 49.40 | 51.68 | 79.80 | 80.56 | 81.70 | 83.60 |
| 39 | 50.70 | 53.04 | 81.90 | 82.68 | 83.85 | 85.80 |
| 40 | 52. » | 54.40 | 84. » | 84.80 | 86. » | 88. » |
| 41 | 53.30 | 55.76 | 86.10 | 86.92 | 88.15 | 90.20 |
| 42 | 54.60 | 57.12 | 88.20 | 89.04 | 90.30 | 92.40 |
| 43 | 55.90 | 58.48 | 90.30 | 91.16 | 92.45 | 94.60 |
| 44 | 57.20 | 59.84 | 92.40 | 93.28 | 94.60 | 96.80 |
| 45 | 58.50 | 61.20 | 94.50 | 95.40 | 96.75 | 99. » |
| 46 | 59.80 | 62.56 | 96.60 | 97.52 | 98.90 | 101.20 |
| 47 | 61.10 | 63.92 | 98.70 | 99.64 | 101.05 | 103.40 |
| 48 | 62.40 | 65.28 | 100.80 | 101.76 | 103.20 | 105.60 |
| 49 | 63.70 | 66.64 | 102.90 | 103.88 | 105.35 | 107.80 |
| 50 | 65. » | 68. » | 105. » | 106. » | 107.50 | 110. » |

# TABLEAU
### DE LA CONTENANCE DES FUTS ET DU PRIX DE REVIENT PAR LITRE
(1,200 Divisions.)

| PRIX du LITRE. | 2ʰ 25ˡ | 2ʰ 28ˡ | 2ʰ 30ˡ | 2ʰ 36ˡ | 2ʰ 50ˡ | 2ʰ 72ˡ |
|---|---|---|---|---|---|---|
| Centimes | | | | | | |
| 26 | 58.50 | 59.28 | 59.80 | 61.36 | 65. » | 70.72 |
| 27 | 60.75 | 61.56 | 62.10 | 63.72 | 67.50 | 73.44 |
| 28 | 63. » | 63.84 | 64.40 | 66.08 | 70. » | 76.16 |
| 29 | 65.25 | 66.12 | 66.70 | 68.44 | 72.50 | 78.88 |
| 30 | 67.50 | 68.40 | 69. » | 70.80 | 75. » | 81.60 |
| 31 | 69.75 | 70.68 | 71.30 | 73.16 | 77.50 | 84.32 |
| 32 | 72. » | 72.96 | 73.60 | 75.52 | 80. » | 87.04 |
| 33 | 74.25 | 75.24 | 75.90 | 77.88 | 82.50 | 89.76 |
| 34 | 76.50 | 77.52 | 78.20 | 80.24 | 85. » | 92.48 |
| 35 | 78.75 | 79.80 | 80.50 | 82.60 | 87.50 | 95.20 |
| 36 | 81. » | 82.08 | 82.80 | 84.96 | 90. » | 97.92 |
| 37 | 83.25 | 84.36 | 85.10 | 87.32 | 92.50 | 100.64 |
| 38 | 85.50 | 86.64 | 87.40 | 89.68 | 95. » | 103.36 |
| 39 | 87.75 | 88.92 | 89.70 | 92.04 | 97.50 | 106.08 |
| 40 | 90. » | 91.20 | 92. » | 94.40 | 100. » | 108.80 |
| 41 | 92.25 | 93.48 | 94.30 | 96.76 | 102.50 | 111.52 |
| 42 | 94.50 | 95.76 | 96.60 | 92.12 | 105. » | 114.24 |
| 43 | 96.75 | 98.04 | 98.90 | 101.48 | 107.55 | 116.96 |
| 44 | 99. » | 100.32 | 101.20 | 103.84 | 110. » | 119.68 |
| 45 | 101.25 | 102.60 | 103.50 | 106.20 | 112.50 | 122.40 |
| 46 | 103.50 | 104.88 | 105.80 | 108.56 | 115. » | 125.12 |
| 47 | 105.75 | 107.16 | 108.10 | 110.92 | 117.50 | 127.84 |
| 48 | 108. » | 109.44 | 110.40 | 113.28 | 120. » | 130.56 |
| 49 | 110.25 | 111.72 | 112.70 | 115.64 | 122.50 | 133.28 |
| 50 | 112.50 | 114. » | 115. » | 118. » | 125. » | 136. » |

# TABLEAU
### DE LA CONTENANCE DES FUTS ET DU PRIX DE REVIENT PAR LITRE
(1,200 Divisions.)

| PRIX du LITRE. | 1ʰ 30ˡ | 1ʰ 36ˡ | 2ʰ 10ˡ | 2ʰ 12ˡ | 2ʰ 15ˡ | 2ʰ 20ˡ |
|---|---|---|---|---|---|---|
| Centimes | | | | | | |
| 51 | 66.30 | 69.36 | 107.10 | 108.12 | 109.65 | 112.20 |
| 52 | 67.60 | 70.72 | 109.20 | 110.24 | 111.80 | 114.40 |
| 53 | 68.90 | 72.08 | 111.30 | 112.36 | 113.95 | 116.60 |
| 54 | 70.20 | 73.44 | 113.40 | 114.48 | 116.10 | 118.80 |
| 55 | 71.50 | 72.80 | 115.50 | 116.60 | 118.25 | 121. » |
| 56 | 72.80 | 76.16 | 117.60 | 118.72 | 120.40 | 123.20 |
| 57 | 74.10 | 77.52 | 119.70 | 120.84 | 122.55 | 125.40 |
| 58 | 75.40 | 78.88 | 121.80 | 122.96 | 124.70 | 127.60 |
| 59 | 76.70 | 80.24 | 123.90 | 125.08 | 126.85 | 129.80 |
| 60 | 78. » | 81.60 | 126. » | 127.20 | 129. » | 132. » |
| 61 | 79.30 | 82.96 | 128.10 | 129.32 | 131.15 | 134.20 |
| 62 | 80.60 | 84.32 | 130.20 | 131.44 | 133.30 | 136.40 |
| 63 | 81.90 | 85.68 | 132.30 | 133.56 | 135.45 | 138.60 |
| 64 | 83.20 | 87.04 | 134.40 | 135.68 | 137.60 | 140.80 |
| 65 | 84.50 | 88.40 | 136.50 | 137.80 | 139.75 | 143. » |
| 66 | 85.80 | 89.76 | 138.60 | 139.92 | 141.90 | 145.20 |
| 67 | 87.10 | 91.12 | 140.70 | 142.04 | 144.05 | 147.40 |
| 68 | 88.40 | 92.48 | 142.80 | 144.16 | 146.20 | 149.60 |
| 69 | 89.70 | 93.84 | 144.90 | 146.28 | 148.35 | 151.80 |
| 70 | 91. » | 95.20 | 147. » | 148.40 | 150.50 | 154. » |
| 71 | 92.30 | 96.56 | 149.10 | 150.52 | 152.65 | 156.20 |
| 72 | 93.60 | 97.92 | 151.20 | 152.64 | 154.80 | 158.40 |
| 73 | 94.90 | 99.28 | 153.30 | 154.76 | 156.95 | 160.60 |
| 74 | 96.20 | 100.64 | 155.40 | 156.88 | 159.10 | 162.80 |
| 75 | 97.50 | 102. » | 157.50 | 159. » | 161.25 | 165. » |

# TABLEAU
## DE LA CONTENANCE DES FUTS ET DU PRIX DE REVIENT PAR LITRE
### (1.200 Divisions.)

| PRIX du LITRE. | 2ʰ 25ⁱ | 2ʰ 28ⁱ | 2ʰ 30ⁱ | 2ʰ 36ⁱ | 2ʰ 50ⁱ | 2ʰ 72ⁱ |
|---|---|---|---|---|---|---|
| Centimes | | | | | | |
| 51 | 114.75 | 116.28 | 117.30 | 120.36 | 127.50 | 138.72 |
| 52 | 117. » | 118.56 | 119.10 | 122.72 | 130. » | 141.44 |
| 53 | 119.25 | 120.84 | 121.90 | 125.08 | 132.50 | 144.16 |
| 54 | 121.50 | 123.12 | 124.20 | 127.44 | 135. » | 143.88 |
| 55 | 123.75 | 125.40 | 126.50 | 129.80 | 137.50 | 149.60 |
| 56 | 126. » | 127.68 | 129.80 | 132.16 | 140. » | 152.32 |
| 57 | 128.25 | 129.96 | 131.10 | 134.52 | 142.50 | 155.04 |
| 58 | 130.50 | 132.24 | 133.40 | 136.85 | 145. » | 157.76 |
| 59 | 132.75 | 134.52 | 135.70 | 139.24 | 147.50 | 160.48 |
| 60 | 135. » | 136.80 | 138. » | 141.60 | 150. » | 163.20 |
| 61 | 137.25 | 139.08 | 140.30 | 143.96 | 152.50 | 165.92 |
| 62 | 139.50 | 141.36 | 142.60 | 146.32 | 155. » | 168.64 |
| 63 | 141.75 | 143.64 | 144.90 | 148.68 | 157.50 | 171.36 |
| 64 | 144. » | 145.92 | 147.20 | 151.04 | 160. » | 174.08 |
| 65 | 146.25 | 148.20 | 149.50 | 153.40 | 162.50 | 176.80 |
| 66 | 148.50 | 150.48 | 151.80 | 155.76 | 165. » | 179.52 |
| 67 | 150.75 | 152.76 | 154.10 | 158.12 | 167.50 | 182.24 |
| 68 | 153. » | 155.04 | 156.40 | 160.48 | 170. » | 184.96 |
| 69 | 155.25 | 157.32 | 158.70 | 162.84 | 172.50 | 187.68 |
| 70 | 157.50 | 152.60 | 161. » | 165.20 | 175. » | 190.40 |
| 71 | 159.75 | 161.88 | 163.30 | 167.56 | 177.50 | 193.12 |
| 72 | 162. » | 164.16 | 165.60 | 169.92 | 180. » | 195.84 |
| 73 | 164.25 | 166.44 | 167.90 | 172.28 | 182.55 | 198.56 |
| 74 | 166.50 | 168.72 | 170.20 | 174.64 | 185. » | 201.28 |
| 75 | 168.75 | 171. » | 172.50 | 177. » | 187.50 | 204. » |

# TABLEAU
## DE LA CONTENANCE DES FUTS ET DU PRIX DE REVIENT PAR LITRE
### (1,200 Divisions.)

| PRIX du LITRE. | 1ʰ 30ˡ | 1ʰ 36ˡ | 2ʰ 10ˡ | 2ʰ 12ˡ | 2ʰ 15ˡ | 2ʰ 20ˡ |
|---|---|---|---|---|---|---|
| Centimes | | | | | | |
| 76 | 98.80 | 103.36 | 159.60 | 161.12 | 163.40 | 167.20 |
| 77 | 100.10 | 104.72 | 161.70 | 163.24 | 165.55 | 169.40 |
| 78 | 101.40 | 106.08 | 163.80 | 165.36 | 167.70 | 171.60 |
| 79 | 102.70 | 107.44 | 165.90 | 167.48 | 169.85 | 173.80 |
| 80 | 104. » | 108.80 | 168. » | 169.60 | 172. » | 176. » |
| 81 | 105.30 | 110.16 | 170.10 | 171.72 | 174.15 | 178.20 |
| 82 | 106.60 | 111.52 | 172.20 | 173.84 | 176.30 | 180.40 |
| 83 | 107.90 | 112.88 | 174.30 | 175.96 | 178.45 | 182.60 |
| 84 | 109.20 | 114.24 | 176.40 | 178.08 | 180.60 | 184.80 |
| 85 | 110.50 | 115.60 | 178.50 | 180.20 | 182.75 | 187. » |
| 86 | 111.80 | 116.96 | 180.60 | 182.32 | 184.90 | 189.20 |
| 87 | 113.10 | 118.32 | 182.70 | 184.44 | 187.05 | 191.40 |
| 88 | 114.40 | 119.68 | 184.80 | 186.56 | 189.20 | 193.60 |
| 89 | 115.70 | 121.04 | 186.90 | 188.68 | 191.35 | 195.80 |
| 90 | 117. » | 122.40 | 189. » | 190.80 | 193.50 | 198. » |
| 91 | 118.30 | 123.76 | 191.10 | 192.92 | 195.65 | 200.20 |
| 92 | 119.60 | 125.12 | 193.20 | 195.04 | 197.80 | 202.40 |
| 93 | 120.90 | 126.48 | 195.30 | 197.16 | 199.95 | 204.60 |
| 94 | 122.20 | 127.84 | 197.40 | 199.28 | 202.10 | 206.80 |
| 95 | 123.50 | 129.20 | 199.50 | 201.40 | 204.25 | 209. » |
| 96 | 124.80 | 130.56 | 201.60 | 203.52 | 206.40 | 211.20 |
| 97 | 126.10 | 131.92 | 203.70 | 205.64 | 208.55 | 213.40 |
| 98 | 127.40 | 133.28 | 205.80 | 207.76 | 210.70 | 215.60 |
| 99 | 128.70 | 134.64 | 207.90 | 209.88 | 212.85 | 217.80 |
| 100 | 130. » | 136. » | 210. » | 212. » | 215. » | 220. » |

# TABLEAU
## DE LA CONTENANCE DES FUTS ET DU PRIX DE REVIENT PAR LITRE
### (1,200 Divisions.)

| PRIX du LITRE. | 2ʰ25ˡ | 2ʰ28ˡ | 2ʰ30ˡ | 2ʰ36ˡ | 2ʰ50ˡ | 2ʰ72ˡ |
|---|---|---|---|---|---|---|
| Centimes | | | | | | |
| 76 | 171. » | 173.28 | 174.80 | 179.36 | 190. » | 206.07 |
| 77 | 173.25 | 175.56 | 177.10 | 181.72 | 192.50 | 209.44 |
| 78 | 175.50 | 177.84 | 179.40 | 184.08 | 195. » | 212.16 |
| 79 | 177.75 | 180.12 | 181.70 | 186.44 | 197.50 | 214.88 |
| 80 | 180. » | 182.40 | 184. » | 188.80 | 200. » | 217.60 |
| 81 | 182.25 | 184.68 | 186.30 | 191.16 | 202.50 | 220.32 |
| 82 | 184.50 | 186.96 | 188.60 | 193.52 | 205. » | 223.04 |
| 83 | 186.75 | 189.24 | 190.90 | 195.88 | 207.50 | 225.76 |
| 84 | 189. » | 191.52 | 193.20 | 198.24 | 210. » | 228.48 |
| 85 | 191.25 | 193.80 | 195.50 | 200.60 | 212.50 | 231.20 |
| 86 | 193.50 | 196.08 | 197.80 | 202.96 | 215. » | 233.92 |
| 87 | 195.75 | 198.36 | 200.10 | 205.32 | 217.50 | 236.64 |
| 88 | 198. » | 200.64 | 202.40 | 207.68 | 220. » | 239.36 |
| 89 | 200.25 | 202.92 | 204.70 | 210.04 | 222.50 | 242.08 |
| 90 | 202.50 | 205.20 | 207. » | 212.40 | 225. » | 244.80 |
| 91 | 204.75 | 207.48 | 209.30 | 214.76 | 227.50 | 247.52 |
| 92 | 207. » | 209.76 | 211.60 | 217.12 | 230. » | 250.24 |
| 93 | 209.25 | 212.04 | 213.90 | 219.48 | 232.50 | 252.96 |
| 94 | 211.50 | 214.32 | 216.20 | 521.84 | 235. » | 255.68 |
| 95 | 213.75 | 216.60 | 218.50 | 224.20 | 237.50 | 258.40 |
| 96 | 216. » | 218.88 | 220.80 | 226.56 | 240. » | 261.12 |
| 97 | 218.25 | 221.16 | 223.10 | 228.92 | 242.50 | 263.84 |
| 98 | 220.50 | 223.44 | 225.40 | 231.28 | 245. » | 266.56 |
| 99 | 222.75 | 225.72 | 227.70 | 233.64 | 247.50 | 269.28 |
| 100 | 225. » | 228. » | 230. » | 236. » | 250. » | 272. » |

## RÉSULTAT DE 323

OBSERVATION. — Pour éviter qu'on se trompe en suivant du bout du
par précaution, figuré les capacités

| CONTENANCE des Bouteilles en centilitres. | BOISSONS en cercles vendues | | | | | | | | |
|---|---|---|---|---|---|---|---|---|---|
| | 10ᶜ | 15ᶜ | 20ᶜ | 25ᶜ | 30ᶜ | 35ᶜ | 40ᶜ | 45ᶜ | 50ᶜ |
| 64 | ».16 | ».23 | ».31 | ».39 | ».47 | ».55 | ».63 | ».70 | ».78 |
| 65 | ».15 | ».23 | ».30 | ».38 | ».46 | ».54 | ».61 | ».68 | ».76 |
| 66 | ».15 | ».22 | ».30 | ».38 | ».45 | ».53 | ».61 | ».68 | ».76 |
| 67 | ».15 | ».22 | ».30 | ».37 | ».45 | ».52 | ».60 | ».67 | ».75 |
| 68 | ».15 | ».22 | ».29 | ».37 | ».44 | ».51 | ».59 | ».66 | ».74 |
| 69 | ».14 | ».22 | ».29 | ».36 | ».43 | ».51 | ».58 | ».65 | ».72 |
| 70 | ».14 | ».21 | ».29 | ».36 | ».43 | ».50 | ».57 | ».64 | ».71 |
| 71 | ».14 | ».21 | ».28 | ».35 | ».42 | ».49 | ».56 | ».63 | ».70 |
| 72 | ».14 | ».21 | ».28 | ».35 | ».42 | ».49 | ».56 | ».63 | ».69 |
| 73 | ».14 | ».21 | ».27 | ».34 | ».41 | ».48 | ».55 | ».62 | ».68 |
| 74 | ».14 | ».20 | ».27 | ».34 | ».41 | ».47 | ».54 | ».61 | ».68 |
| 75 | ».13 | ».20 | ».27 | ».33 | ».40 | ».47 | ».53 | ».60 | ».67 |
| 76 | ».13 | ».20 | ».26 | ».33 | ».39 | ».46 | ».53 | ».59 | ».66 |
| 77 | ».13 | ».19 | ».26 | ».32 | ».39 | ».45 | ».52 | ».58 | ».65 |
| 78 | ».13 | ».19 | ».26 | ».32 | ».38 | ».45 | ».51 | ».58 | ».64 |
| 79 | ».13 | ».19 | ».25 | ».32 | ».38 | ».44 | ».51 | ».57 | ».63 |
| 80 | ».13 | ».19 | ».25 | ».31 | ».38 | ».44 | ».50 | ».56 | ».63 |

**Manière de se servir du présent tableau.** — Supposons qu'un débitant vende sa boisson à raison de 1 franc le litre, et qu'ensuite il lui vienne à l'idée de faire une transvasion en bouteilles dont la capacité moyenne serait de 75 centilitres; dans ce cas, à combien devra-t-il céder la bouteille pour ne pas entrer en perte? — Pour le connaître, sans avoir recours à une règle de trois, nous n'avons qu'à chercher dans la première colonne verticale le chiffre 75 centilitres; puis, nous suivons horizontalement cette ligne du bout du doigt, en allant de gauche à droite, jusqu'à la rencontre du prix d'un litre que nous trouvons dans la colonne verticale qui a pour titre : 75 centimes, prix exact d'une bouteille. Nous allons le démontrer par un simple raisonnement : Si 1 litre ou 100 centilitres coûtent



## RÈGLES DE TROIS.

doigt les lignes de chiffres, en allant de gauche à droite, nous avons, impaires en plus gros chiffres.

à la Bouteille à raison de :

| 55ᶜ | 60ᶜ | 65ᶜ | 70ᶜ | 75ᶜ | 80ᶜ | 85ᶜ | 90ᶜ | 95ᶜ | 1ᶠ |
|---|---|---|---|---|---|---|---|---|---|
| ».86 | ».94 | 1.02 | 1.09 | 1.17 | 1.25 | 1.33 | 1.41 | 1.48 | 1.56 |
| ».83 | ».91 | ».98 | 1.06 | 1.14 | 1.21 | 1.29 | 1.36 | 1.44 | 1.52 |
| ».85 | ».91 | ».98 | 1.06 | 1.14 | 1.21 | 1.29 | 1.33 | 1.44 | 1.53 |
| ».82 | ».90 | ».97 | 1.04 | 1.12 | 1.19 | 1.27 | 1.34 | 1.42 | 1.49 |
| ».81 | ».83 | ».95 | 1.03 | 1.10 | 1.18 | 1.25 | 1.32 | 1.40 | 1.47 |
| ».80 | ».87 | ».94 | 1.01 | 1.09 | 1.16 | 1.23 | 1.30 | 1.38 | 1.45 |
| ».79 | ».86 | ».93 | 1. » | 1.07 | 1.14 | 1.21 | 1.29 | 1.36 | 1.43 |
| ».77 | ».85 | ».92 | ».99 | 1.06 | 1.13 | 1.20 | 1.27 | 1.34 | 1.41 |
| ».76 | ».83 | ».90 | ».97 | 1.05 | 1.11 | 1.18 | 1.25 | 1.32 | 1.39 |
| ».75 | ».82 | ».89 | ».96 | 1.03 | 1.10 | 1.16 | 1.23 | 1.30 | 1.37 |
| ».74 | ».81 | ».88 | ».95 | 1.01 | 1.08 | 1.15 | 1.22 | 1.28 | 1.35 |
| ».73 | ».80 | ».87 | ».93 | 1. » | 1.07 | 1.13 | 1.20 | 1.27 | 1.33 |
| ».72 | ».79 | ».86 | ».92 | ».99 | 1.05 | 1.12 | 1.18 | 1.25 | 1.32 |
| ».71 | ».78 | ».84 | ».91 | ».97 | 1.04 | 1.10 | 1.17 | 1.23 | 1.30 |
| ».71 | ».77 | ».83 | ».90 | ».96 | 1.02 | 1.09 | 1.15 | 1.22 | 1.28 |
| ».70 | ».76 | ».82 | ».89 | ».95 | 1.01 | 1.08 | 1.14 | 1.20 | 1.27 |
| ».69 | ».75 | ».81 | ».88 | ».94 | 1. » | 1.06 | 1.13 | 1.19 | 1.25 |

1 franc ou 100 centimes, ce qui revient à dire que chaque centilitre coûte 01 centime, par conséquent, une bouteille de 75 centilitres coûtera naturellement 75 centimes.

AUTRE EXEMPLE :

Un litre coûte 1 fr. 21 c., combien coûtera la bouteille de 70 centilitres ? Sur la ligne horizontale de 70 centilitres nous trouvons 1 fr. 21 c. comme chiffre le plus près du prix du litre, donc la bouteille devra se vendre 85 centimes.

**N. B.** Nous avons commencé ce tableau par les bouteilles de 64 centilitres, car ce sont les plus petites dont on se sert, et nous l'avons terminé par celles de 80 centilitres qui sont les plus grandes employées.

# TABLEAU

## POUR RECONNAITRE LA QUANTITÉ DE LITRES RESTANT DANS LES FUTS EN VIDANGE.

---

### MANIÈRE DE S'EN SERVIR.

On introduit la jauge diagonalement par la bonde du fût, dont on veut trouver la contenance, jusqu'à ce qu'on rencontre le fond dans sa partie la plus basse, afin d'obtenir, au-dessous du bois, la plus grande distance oblique de ce fond au centre de la bonde. Dans la crainte que la bonde ne soit pas placée bien au milieu, il faut jauger des deux côtés et prendre la moyenne (ou la moitié des deux résultats). La jauge porte une échelle de 100 degrés chiffrés de 5 en 5; chaque degré vaut 10 litres, 10 valent 100, 100 valent 1,000 litres. Les divisions sont exactement semblables à celles de la jauge en fer de la Régie. Du côté opposé elle est marquée de centimètre en centimètre, pour servir à trouver la vidange des futailles.

### Vidange des Fûts.

On prend la contenance du fût avec la jauge, le nombre de centimètres du diamètre à la bonde, et le nombre de centimètres mouillés.

Soit un fût de la contenance de 300 litres, dont la hauteur, prise par la bonde en dessous du bois, est de 70 centimètres, et le mouillé de 37 centimètres.

On multiplie d'abord le nombre de centimètres mouillés 37 par 100 =.............................. 3700 | 70
on divise ce produit par la hauteur totale 70.  350 | 52,8 (1)
                                                     200
                                                     140
                                                     600
                                                     560
                                                       40

On cherche sur le tableau des segments, ci-après, le

---

(1) On force toutes les fois que la fraction arrive à 50.

nombre correspondant à 53 (1), quotient de cette division ; on
trouve 5405, que l'on multiplie par la contenance du fût,
300 litres.

$$5405 \\ 300 \\ \overline{1,62,1500}$$

On retranche quatre chiffres, et on obtient 162 pour le
nombre de litres qui restent dans le fût.

## TABLEAU DES SEGMENTS.

| Tranches. | Segments. | Tranches. | Segments. | Tranches. | Segments. | Tranches. | Segments. | Tranches. | Segments. |
|---|---|---|---|---|---|---|---|---|---|
| 1 | 0002 | 21 | 1342 | 41 | 3792 | 61 | 6472 | 81 | 8866 |
| 2 | 0008 | 22 | 1449 | 42 | 3924 | 62 | 6603 | 82 | 8966 |
| 3 | 0021 | 23 | 1559 | 43 | 4057 | 63 | 6731 | 83 | 9064 |
| 4 | 0041 | 24 | 1671 | 44 | 4191 | 64 | 6863 | 84 | 9159 |
| 5 | 0070 | 25 | 1784 | 45 | 4325 | 65 | 6992 | 85 | 9251 |
| 6 | 0110 | 26 | 1899 | 46 | 4460 | 66 | 7120 | 86 | 9339 |
| 7 | 0158 | 27 | 2016 | 47 | 4595 | 67 | 7247 | 87 | 9424 |
| 8 | 0215 | 28 | 2136 | 48 | 4730 | 68 | 7373 | 88 | 9505 |
| 9 | 0277 | 29 | 2256 | 49 | 4865 | 69 | 7498 | 89 | 9582 |
| 10 | 0345 | 30 | 2378 | 50 | 5000 | 70 | 7622 | 90 | 9655 |
| 11 | 0418 | 31 | 2502 | 51 | 5135 | 71 | 7744 | 91 | 9723 |
| 12 | 0495 | 32 | 2627 | 52 | 5270 | 72 | 7864 | 92 | 9785 |
| 13 | 0576 | 33 | 2753 | 53 | 5405 | 73 | 7984 | 93 | 9842 |
| 14 | 0661 | 34 | 2880 | 54 | 5540 | 74 | 8101 | 94 | 9890 |
| 15 | 0749 | 35 | 3008 | 55 | 5675 | 75 | 8216 | 95 | 9930 |
| 16 | 0841 | 36 | 3137 | 56 | 5809 | 76 | 8320 | 96 | 9959 |
| 17 | 0936 | 37 | 3266 | 57 | 5943 | 77 | 8441 | 97 | 9979 |
| 18 | 1034 | 38 | 3397 | 58 | 6076 | 78 | 8551 | 98 | 9992 |
| 19 | 1134 | 39 | 3528 | 59 | 6208 | 79 | 8658 | 99 | 9998 |
| 20 | 1236 | 40 | 3660 | 60 | 6340 | 80 | 8764 | 100 | 1,0000 |

(1) On force toutes les fois que la fraction arrive à 50.

| Nombre DE CENTILITRES mouillés. | NOMBRE DE LITRES QUI RESTENT DANS LES FUTS D'UNE CONTENANCE DE : | | | | | | | | | |
|---|---|---|---|---|---|---|---|---|---|---|
| | 70 | 100 | 106 | 110 | 114 | 136 | 200 | 220 | 228 | 236 |
| 1 | » | » | » | » | » | » | » | » | » | » |
| 2 | 1/2 | 1/2 | 1/2 | 1/2 | 1/2 | 1/2 | 1/2 | 1/2 | 1/2 | 1/2 |
| 3 | 1 | 1 | 1 | 1 | 1 | 1 | 1 | 2 | 2 | 1 |
| 4 | 2 | 2 | 2 | 3 | 3 | 3 | 3 | 2 | 3 | 3 |
| 5 | 3 | 3 | 4 | 4 | 4 | 5 | 4 | 5 | 5 | 4 |
| 6 | 5 | 5 | 5 | 6 | 6 | 7 | 7 | 8 | 6 | 7 |
| 7 | 6 | 6 | 7 | 7 | 8 | 9 | 10 | 9 | 10 | 8 |
| 8 | 8 | 8 | 9 | 10 | 10 | 11 | 13 | 13 | 11 | 12 |
| 9 | 9 | 10 | 11 | 11 | 12 | 14 | 15 | 15 | 15 | 14 |
| 10 | 11 | 12 | 13 | 13 | 14 | 17 | 19 | 19 | 17 | 17 |
| 11 | 13 | 13 | 15 | 15 | 17 | 20 | 23 | 21 | 21 | 20 |
| 12 | 15 | 15 | 18 | 17 | 19 | 23 | 25 | 25 | 24 | 24 |
| 13 | 17 | 17 | 19 | 19 | 22 | 24 | 29 | 30 | 28 | 27 |
| 14 | 19 | 19 | 21 | 22 | 24 | 27 | 33 | 32 | 31 | 32 |
| 15 | 21 | 22 | 24 | 25 | 27 | 31 | 36 | 37 | 36 | 34 |
| 16 | 23 | 24 | 27 | 26 | 30 | 34 | 40 | 39 | 38 | 39 |
| 17 | 26 | 26 | 29 | 29 | 33 | 37 | 45 | 44 | 43 | 42 |
| 18 | 27 | 28 | 32 | 32 | 36 | 41 | 50 | 50 | 46 | 45 |
| 19 | 29 | 31 | 35 | 35 | 39 | 44 | 53 | 52 | 51 | 50 |
| 20 | 32 | 34 | 37 | 38 | 42 | 48 | 58 | 58 | 54 | 53 |
| 21 | 34 | 36 | 40 | 41 | 45 | 52 | 63 | 61 | 60 | 59 |
| 22 | 36 | 39 | 43 | 44 | 48 | 55 | 65 | 66 | 63 | 62 |
| 23 | 38 | 41 | 46 | 46 | 51 | 59 | 71 | 72 | 69 | 68 |
| 24 | 41 | 44 | 49 | 49 | 54 | 62 | 76 | 75 | 74 | 74 |
| 25 | 43 | 46 | 52 | 53 | 57 | 66 | 78 | 81 | 77 | 77 |

| Nombre DE CENTILITRES mouillés. | NOMBRE DE LITRES QUI RESTENT DANS LES FUTS D'UNE CONTENANCE DE : | | | | | | | | | |
|---|---|---|---|---|---|---|---|---|---|---|
| | 285 | 300 | 325 | 350 | 460 | 480 | 510 | 530 | 560 | 620 |
| 1 | » | » | » | » | » | » | 1/8 | 1/8 | 1/8 | 1 |
| 2 | 1/2 | 1/2 | 3/4 | 3/4 | 1 | 1 | 1/2 | 1 | 1/2 | 2 |
| 3 | 2 | 1 | 1 | 1 | 2 | 2 | 2 | 2 | 2 | 3 |
| 4 | 3 | 3 | 4 | 2 | 3 | 3 | 4 | 4 | 4 | 4 |
| 5 | 6 | 5 | 5 | 6 | 5 | 5 | 6 | 6 | 6 | 7 |
| 6 | 8 | 6 | 7 | 8 | 10 | 10 | 8 | 11 | 9 | 10 |
| 7 | 12 | 10 | 11 | 10 | 13 | 13 | 14 | 15 | 12 | 13 |
| 8 | 14 | 13 | 14 | 15 | 16 | 17 | 18 | 18 | 16 | 17 |
| 9 | 19 | 17 | 16 | 17 | 23 | 24 | 21 | 22 | 23 | 21 |
| 10 | 21 | 20 | 21 | 20 | 26 | 28 | 25 | 31 | 28 | 26 |
| 11 | 27 | 25 | 24 | 23 | 30 | 32 | 34 | 35 | 32 | 31 |
| 12 | 29 | 28 | 27 | 29 | 35 | 40 | 38 | 40 | 37 | 41 |
| 13 | 35 | 34 | 34 | 33 | 43 | 45 | 43 | 45 | 42 | 46 |
| 14 | 38 | 37 | 37 | 36 | 48 | 50 | 48 | 55 | 52 | 52 |
| 15 | 44 | 40 | 44 | 43 | 52 | 54 | 58 | 60 | 58 | 58 |
| 16 | 48 | 47 | 47 | 47 | 62 | 64 | 63 | 66 | 64 | 64 |
| 17 | 54 | 50 | 51 | 51 | 67 | 70 | 68 | 71 | 69 | 70 |
| 18 | 57 | 57 | 57 | 58 | 72 | 75 | 74 | 83 | 75 | 77 |
| 19 | 64 | 60 | 62 | 62 | 77 | 86 | 80 | 89 | 87 | 90 |
| 20 | 68 | 68 | 66 | 66 | 87 | 91 | 91 | 95 | 94 | 97 |
| 21 | 75 | 71 | 73 | 75 | 93 | 97 | 97 | 101 | 100 | 104 |
| 22 | 78 | 75 | 77 | 79 | 98 | 103 | 103 | 107 | 106 | 111 |
| 23 | 86 | 83 | 83 | 83 | 104 | 114 | 109 | 120 | 113 | 118 |
| 24 | 93 | 90 | 89 | 92 | 115 | 120 | 121 | 126 | 126 | 125 |
| 25 | 97 | 94 | 94 | 96 | 121 | 126 | 128 | 133 | 133 | 132 |

| Nombre DE CENTILITRES mouillés. | NOMBRE DE LITRES QUI RESTENT DANS LES FUTS D'UNE CONTENANCE DE : | | | | | | | | |
|---|---|---|---|---|---|---|---|---|---|
| | 70 | 100 | 106 | 110 | 114 | 136 | 200 | 220 | 228 | 236 |
| 26 | 44 | 49 | 54 | 56 | 60 | 70 | 84 | 86 | 80 | 80 |
| 27 | 47 | 51 | 57 | 59 | 63 | 74 | 89 | 89 | 86 | 86 |
| 28 | 49 | 54 | 60 | 61 | 66 | 77 | 92 | 92 | 89 | 89 |
| 29 | 51 | 56 | 63 | 64 | 69 | 81 | 97 | 98 | 96 | 96 |
| 30 | 53 | 59 | 66 | 67 | 72 | 84 | 103 | 104 | 102 | 99 |
| 31 | 55 | 61 | 69 | 71 | 75 | 88 | 108 | 107 | 105 | 105 |
| 32 | 57 | 64 | 71 | 74 | 78 | 92 | 111 | 113 | 108 | 108 |
| 33 | 59 | 66 | 74 | 77 | 81 | 95 | 116 | 116 | 114 | 112 |
| 34 | 61 | 68 | 77 | 80 | 84 | 99 | 122 | 122 | 120 | 118 |
| 35 | 62 | 71 | 79 | 82 | 87 | 102 | 124 | 128 | 123 | 121 |
| 36 | 64 | 74 | 82 | 84 | 90 | 105 | 129 | 131 | 129 | 128 |
| 37 | 65 | 76 | 85 | 83 | 92 | 109 | 135 | 137 | 132 | 131 |
| 38 | 67 | 78 | 87 | 90 | 95 | 112 | 137 | 139 | 139 | 137 |
| 39 | 68 | 81 | 88 | 92 | 97 | 113 | 142 | 145 | 142 | 140 |
| 40 | 69 | 83 | 91 | 95 | 100 | 116 | 147 | 148 | 148 | 147 |
| 41 | 70 | 85 | 93 | 97 | 102 | 119 | 150 | 154 | 151 | 150 |
| 42 | 70 | 87 | 95 | 99 | 104 | 122 | 155 | 159 | 156 | 156 |
| 43 | 70 | 89 | 97 | 101 | 106 | 125 | 160 | 162 | 159 | 159 |
| 44 | » | 91 | 99 | 103 | 108 | 127 | 164 | 168 | 165 | 165 |
| 45 | » | 93 | 101 | 105 | 110 | 129 | 167 | 173 | 168 | 168 |
| 46 | » | 94 | 102 | 107 | 112 | 131 | 171 | 176 | 174 | 174 |
| 47 | » | 95 | 104 | 108 | 113 | 133 | 175 | 181 | 177 | 177 |
| 48 | » | 97 | 105 | 109 | 114 | 135 | 177 | 183 | 182 | 183 |
| 49 | » | 98 | 106 | 110 | 114 | 136 | 181 | 188 | 185 | 186 |
| 50 | » | 99 | 106 | 110 | 114 | 136 | 185 | 190 | 190 | 191 |

| Nombre DE CENTILITRES mouillés. | NOMBRE DE LITRES QUI RESTENT DANS LES FUTS D'UNE CONTENANCE DE: | | | | | | | | |
| --- | --- | --- | --- | --- | --- | --- | --- | --- | --- | --- |
| | 285 | 300 | 325 | 350 | 460 | 480 | 510 | 530 | 560 | 620 |
| 26 | 101 | 98 | 102 | 106 | 127 | 138 | 134 | 139 | 140 | 147 |
| 27 | 108 | 106 | 106 | 110 | 138 | 144 | 140 | 153 | 147 | 155 |
| 28 | 112 | 110 | 110 | 114 | 144 | 151 | 153 | 159 | 154 | 163 |
| 29 | 119 | 114 | 119 | 119 | 150 | 163 | 160 | 166 | 168 | 171 |
| 30 | 127 | 122 | 123 | 123 | 156 | 169 | 167 | 173 | 176 | 179 |
| 31 | 131 | 126 | 128 | 133 | 168 | 176 | 173 | 187 | 183 | 186 |
| 32 | 135 | 134 | 136 | 137 | 174 | 188 | 187 | 194 | 190 | 194 |
| 33 | 143 | 138 | 141 | 142 | 181 | 195 | 194 | 201 | 198 | 211 |
| 34 | 150 | 142 | 149 | 151 | 193 | 201 | 200 | 208 | 205 | 219 |
| 35 | 154 | 150 | 154 | 156 | 199 | 208 | 207 | 222 | 220 | 227 |
| 36 | 162 | 154 | 158 | 161 | 205 | 221 | 214 | 229 | 227 | 235 |
| 37 | 166 | 162 | 167 | 166 | 211 | 227 | 227 | 236 | 235 | 243 |
| 38 | 173 | 166 | 171 | 175 | 224 | 234 | 234 | 251 | 242 | 252 |
| 39 | 177 | 174 | 176 | 180 | 230 | 246 | 241 | 258 | 250 | 260 |
| 40 | 184 | 178 | 184 | 189 | 236 | 253 | 248 | 265 | 265 | 268 |
| 41 | 188 | 186 | 189 | 194 | 249 | 259 | 262 | 272 | 272 | 285 |
| 42 | 196 | 190 | 197 | 199 | 255 | 272 | 269 | 286 | 280 | 293 |
| 43 | 199 | 194 | 202 | 208 | 261 | 279 | 276 | 294 | 288 | 302 |
| 44 | 207 | 202 | 206 | 213 | 267 | 285 | 283 | 301 | 295 | 310 |
| 45 | 210 | 206 | 215 | 217 | 279 | 292 | 289 | 303 | 310 | 318 |
| 46 | 217 | 214 | 219 | 227 | 286 | 304 | 303 | 315 | 318 | 327 |
| 47 | 221 | 217 | 223 | 231 | 292 | 311 | 310 | 329 | 325 | 335 |
| 48 | 228 | 225 | 231 | 236 | 298 | 317 | 316 | 336 | 333 | 52 |
| 49 | 231 | 229 | 236 | 240 | 310 | 329 | 323 | 343 | 240 | |
| 50 | 237 | 232 | 240 | 249 | 316 | 336 | 337 | 350 | 355 | |

| Nombre DE CENTILITRES mouillés. | NOMBRE DE LITRES QUI RESTENT DANS LES FUTS D'UNE CONTENANCE DE : | | | | | | | | |
| --- | --- | --- | --- | --- | --- | --- | --- | --- | --- | --- |
| | 70 | 100 | 106 | 110 | 114 | 136 | 200 | 220 | 228 | 236 |
| 51 | » | 100 | 106 | 110 | 114 | 136 | 187 | 195 | 192 | 194 |
| 52 | » | » | » | » | » | » | 190 | 199 | 195 | 197 |
| 53 | » | » | » | » | » | » | 193 | 201 | 200 | 202 |
| 54 | » | » | » | » | » | » | 196 | 205 | 204 | 207 |
| 55 | » | » | » | » | » | » | 197 | 209 | 207 | 209 |
| 56 | » | » | » | » | » | » | 199 | 211 | 211 | 212 |
| 57 | » | » | » | » | » | » | 200 | 212 | 213 | 214 |
| 58 | » | » | » | » | » | » | 200 | 215 | 217 | 218 |
| 59 | » | » | » | » | » | » | 200 | 218 | 218 | 220 |
| 60 | » | » | » | » | » | » | » | 218 | 222 | 224 |
| 61 | » | » | » | » | » | » | » | 220 | 223 | 228 |
| 62 | » | » | » | » | » | » | » | 220 | 225 | 229 |
| 63 | » | » | » | » | » | » | » | 220 | 226 | 232 |
| 64 | » | » | » | » | » | » | » | » | 228 | 233 |
| 65 | » | » | » | » | » | » | » | » | 228 | 235 |
| 66 | » | » | » | » | » | » | » | » | 228 | 236 |
| 67 | » | » | » | » | » | » | » | » | » | 236 |
| 68 | » | » | » | » | » | » | » | » | » | 236 |
| 69 | » | » | » | » | » | » | » | » | » | » |
| 70 | » | » | » | » | » | » | » | » | » | » |
| 71 | » | » | » | » | » | » | » | » | » | » |
| 72 | » | » | » | » | » | » | » | » | » | » |
| 73 | » | » | » | » | » | » | » | » | » | » |
| 74 | » | » | » | » | » | » | » | » | » | » |
| 75 | » | » | » | » | » | » | » | » | » | » |

| Nombre DE CENTILITRES mouillés. | NOMBRE DE LITRES QUI RESTENT DANS LES FUTS D'UNE CONTENANCE DE : | | | | | | | | | |
|---|---|---|---|---|---|---|---|---|---|---|
| | 285 | 300 | 325 | 350 | 460 | 480 | 510 | 530 | 560 | 620 |
| 51 | 241 | 240 | 248 | 254 | 322 | 342 | 343 | 364 | 362 | 377 |
| 52 | 244 | 243 | 252 | 258 | 328 | 348 | 350 | 371 | 370 | 385 |
| 53 | 250 | 250 | 259 | 267 | 339 | 360 | 357 | 377 | 377 | 393 |
| 54 | 256 | 253 | 263 | 271 | 345 | 366 | 370 | 391 | 384 | 401 |
| 55 | 258 | 260 | 268 | 275 | 356 | 372 | 376 | 397 | 392 | 409 |
| 56 | 264 | 263 | 274 | 284 | 362 | 383 | 382 | 404 | 406 | 426 |
| 57 | 266 | 266 | 278 | 288 | 367 | 389 | 389 | 410 | 413 | 434 |
| 58 | 271 | 269 | 281 | 292 | 373 | 394 | 401 | 417 | 420 | 441 |
| 59 | 273 | 272 | 285 | 295 | 378 | 400 | 407 | 429 | 427 | 449 |
| 60 | 277 | 280 | 291 | 303 | 388 | 410 | 413 | 435 | 434 | 457 |
| 61 | 279 | 283 | 298 | 307 | 393 | 416 | 419 | 441 | 447 | 465 |
| 62 | 282 | 287 | 301 | 314 | 398 | 421 | 430 | 453 | 454 | 473 |
| 63 | 283 | 290 | 304 | 317 | 408 | 430 | 436 | 459 | 460 | 488 |
| 64 | 284 | 292 | 309 | 321 | 412 | 435 | 442 | 464 | 466 | 495 |
| 65 | 285 | 295 | 311 | 327 | 417 | 440 | 447 | 470 | 473 | 502 |
| 66 | 285 | 297 | 314 | 339 | 425 | 348 | 452 | 480 | 485 | 509 |
| 67 | » | 299 | 318 | 333 | 430 | 452 | 462 | 485 | 491 | 516 |
| 68 | » | 299 | 329 | 335 | 434 | 456 | 467 | 490 | 496 | 523 |
| 69 | » | 300 | 323 | 340 | 437 | 463 | 472 | 495 | 502 | 530 |
| 70 | » | 300 | 321 | 342 | 444 | 467 | 476 | 501 | 508 | 543 |
| 71 | » | » | 324 | 344 | 447 | 57 | 485 | 508 | 518 | 550 |
| 72 | » | » | 325 | 348 | 450 | 473 | 489 | 512 | 523 | 556 |
| 73 | » | » | 325 | 349 | 455 | 477 | 492 | 515 | 528 | 562 |
| 74 | » | » | » | 349 | 457 | 478 | 496 | 522 | 232 | 568 |
| 75 | » | » | » | 350 | 458 | 479 | 502 | 524 | 537 | 574 |

| Nombre DE CENTILITRES mouillés. | NOMBRE DE LITRES QUI RESTENT DANS LES FUTS D'UNE CONTENANCE DE : | | | | | | | | | |
|---|---|---|---|---|---|---|---|---|---|---|
| | 285 | 300 | 325 | 350 | 460 | 480 | 510 | 530 | 560 | 620 |
| 76 | » | » | » | 350 | 459 | 480 | 504 | 526 | 541 | 579 |
| 77 | » | » | » | » | 460 | 480 | 506 | 528 | 548 | 584 |
| 78 | » | » | » | » | 460 | » | 508 | 529 | 551 | 594 |
| 79 | » | » | » | » | » | » | 509 | 530 | 554 | 599 |
| 80 | » | » | » | » | » | » | 510 | 530 | 556 | 603 |
| 81 | » | » | » | » | » | » | 510 | » | 558 | 607 |
| 82 | » | » | » | » | » | » | » | » | 560 | 610 |
| 83 | » | » | » | » | » | » | » | » | 560 | 613 |
| 84 | » | » | » | » | » | » | » | » | 560 | 616 |
| 85 | » | » | » | » | » | » | » | » | » | 619 |
| 86 | » | » | » | » | » | » | » | » | » | 620 |
| 87 | » | » | » | » | » | » | » | » | » | 620 |
| 88 | » | » | » | » | » | » | » | » | » | 620 |

Le tableau ci-dessus donne le nombre de litres qui restent dans les fûts des principales jauges de France, suivant le nombre de centimètres mouillés. Il faut observer que, si les fûts, quoique de même capacité, n'avaient pas les mêmes proportions, c'est-à-dire n'avaient pas, pris par la bonde, le nombre de centimètres de hauteur indiqué au tableau, il faudrait avoir recours au calcul par les segments.—On plonge la jauge perpendiculairement par la bonde; si c'est un fût de 136 litres, on doit trouver 51 centilitres de hauteur, en dessous du bois. On cherche sur le tableau le nombre correspondant au nombre de centimètres mouillés, soit 7 centimètres, et on trouve qu'il reste 9 litres dans le fût.

Quoique les fûts de même contenance soient plus ou moins gros, nous donnons ici la moyenne la plus vraie. La pratique de nombreuses expériences, et le soin consciencieux que nous y avons apportés, nous en sont un sûr garant.

## 1er TABLEAU

**DROITS dus sur l'alcool pur, soit à 100 degrés, liqueurs et fruits pour les Débitants exercés.**

| QUANTITÉ. | SOMME. | QUANTITÉ | SOMME. | QUANTITÉ | SOMME. |
|---|---|---|---|---|---|
| 1 | ».89 | 21 | 18.34 | 41 | 35.81 |
| 2 | 1.76 | 22 | 19.23 | 42 | 36.68 |
| 3 | 2.63 | 23 | 20.10 | 43 | 37.55 |
| 4 | 3.51 | 24 | 20.96 | 44 | 38.43 |
| 5 | 4.38 | 25 | 21.83 | 45 | 39.30 |
| 6 | 5.25 | 26 | 22.72 | 46 | 40.17 |
| 7 | 6.12 | 27 | 23.59 | 47 | 41.04 |
| 8 | 7. » | 28 | 24.45 | 48 | 41.92 |
| 9 | 7.87 | 29 | 25.32 | 49 | 42.79 |
| 10 | 8.74 | 30 | 26.21 | 50 | 43.66 |
| 11 | 9.63 | 31 | 27.08 | 51 | 44.55 |
| 12 | 10.49 | 32 | 27.94 | 52 | 45.41 |
| 13 | 11.36 | 33 | 28.83 | 53 | 46.28 |
| 14 | 12.23 | 34 | 29.70 | 54 | 47.15 |
| 15 | 13.12 | 35 | 30.57 | 55 | 48.04 |
| 16 | 13.98 | 36 | 31.43 | 56 | 48.90 |
| 17 | 14.85 | 37 | 32.32 | 57 | 49.77 |
| 18 | 15.72 | 38 | 33.19 | 58 | 50.64 |
| 19 | 16.61 | 39 | 34.06 | 59 | 51.53 |
| 20 | 17.47 | 40 | 34.92 | 60 | 52.39 |

**DROITS** dus sur l'alcool pur, soit à 100 degrés, liqueurs et fruits pour les Débitants exercés (suite).

| QUANTITÉ | SOMME. | QUANTITÉ | SOMME. |
|---|---|---|---|
| 61 | 53.26 | 81 | 70.73 |
| 62 | 54.15 | 82 | 71.60 |
| 63 | 55.02 | 83 | 72.47 |
| 64 | 55.88 | 84 | 73.35 |
| 65 | 56.75 | 85 | 74.22 |
| 66 | 57.64 | 86 | 75.09 |
| 67 | 58.51 | 87 | 75.96 |
| 68 | 59.37 | 88 | 76.84 |
| 69 | 60.24 | 89 | 77.71 |
| 70 | 61.13 | 90 | 78.58 |
| 71 | 62. » | 91 | 79.47 |
| 72 | 62.86 | 92 | 80.33 |
| 73 | 63.75 | 93 | 81.20 |
| 74 | 64.62 | 94 | 82.07 |
| 75 | 65.49 | 95 | 89.96 |
| 76 | 66.35 | 96 | 83.82 |
| 77 | 67.24 | 97 | 84.69 |
| 78 | 68.11 | 98 | 85.56 |
| 79 | 68.98 | 99 | 86.45 |
| 80 | 69.84 | 100 | 87.31 |

**CENTAINES.**

| QUANTITÉ. | SOMME. |
|---|---|
| 100 | 87.31 |
| 200 | 174.60 |
| 300 | 265.51 |
| 400 | 349.20 |
| 500 | 436.51 |
| 1000 | 873. » |

## 2ᵉ TABLEAU

**DROITS** de consommation au comptant sur l'alcool pur (soit à 100 degrés), liqueurs et fruits pour les Débitants rédimés et particuliers.

1° Les droits de banlieue, pour tout le département de la Seine, sont de 23 fr. 30 par hectolitre d'alcool pur, soit de 100 degrés.

2° Les droits d'entrée et les droits d'octroi varient selon le nombre d'habitants de la localité qu'habite l'acheteur ou destinataire.

3° **Les droits de consommation dus par les débitants rédimés sont exigibles dans le délai de 3 jours au plus, dans le cas contraire ils sont exposés à payer le double droit.**

| QUANTITÉ. | SOMME. | QUANTITÉ | SOMME. | QUANTITÉ | SOMME. |
|---|---|---|---|---|---|
| 1 | ».91 | 21 | 18.91 | 41 | 36.91 |
| 2 | 1.80 | 22 | 19.80 | 42 | 37.80 |
| 3 | 2.71 | 23 | 20.71 | 43 | 38.71 |
| 4 | 3.60 | 24 | 21.60 | 44 | 39.60 |
| 5 | 4.51 | 25 | 22.51 | 45 | 40.51 |
| 6 | 5.40 | 26 | 23.40 | 46 | 41.40 |
| 7 | 6.31 | 27 | 24.31 | 47 | 42.31 |
| 8 | 7.20 | 28 | 25.20 | 48 | 43.20 |
| 9 | 8.11 | 29 | 26.11 | 49 | 44.11 |
| 10 | 9. » | 30 | 27. » | 50 | 45. » |
| 11 | 9.91 | 31 | 27.91 | 51 | 45.91 |
| 12 | 10.80 | 32 | 28.80 | 52 | 46.80 |
| 13 | 11.71 | 33 | 29.71 | 53 | 47.71 |
| 14 | 12.60 | 34 | 30.60 | 54 | 48.60 |
| 15 | 13.51 | 35 | 31.51 | 55 | 49.51 |
| 16 | 14.40 | 36 | 32.40 | 56 | 50.40 |
| 17 | 15.31 | 37 | 33.31 | 57 | 51.31 |
| 18 | 16.20 | 38 | 34.20 | 58 | 52.20 |
| 19 | 17.11 | 39 | 35.11 | 59 | 53.11 |
| 20 | 18. » | 40 | 36. » | 60 | 54. » |

## DROITS de consommation au comptant sur l'alcool pur (soit à 100 degrés), liqueurs et fruits pour les Débitants rédimés et particuliers (suite).

| QUANTITÉ | SOMME. | QUANTITÉ | SOMME. |
| --- | --- | --- | --- |
| 61 | 54.91 | 81 | 72.91 |
| 62 | 55.80 | 82 | 73.80 |
| 63 | 56.71 | 83 | 74.71 |
| 64 | 57.60 | 84 | 75.60 |
| 65 | 58.51 | 85 | 76.51 |
| 66 | 59.40 | 86 | 77.40 |
| 67 | 60.31 | 87 | 78.31 |
| 68 | 61.20 | 88 | 79.20 |
| 69 | 62.11 | 89 | 80.11 |
| 70 | 63. » | 90 | 81. » |
| 71 | 63.91 | 91 | 81.91 |
| 72 | 64.80 | 92 | 82.80 |
| 73 | 65.71 | 93 | 83.71 |
| 74 | 66.60 | 94 | 84.60 |
| 75 | 67.51 | 95 | 85.51 |
| 76 | 68.40 | 96 | 86.40 |
| 77 | 69.31 | 97 | 87.31 |
| 78 | 70.20 | 98 | 88.20 |
| 79 | 71.11 | 99 | 89.11 |
| 80 | 72. » | 100 | 90. » |

**CENTAINES.**

| QUANTITÉ. | SOMME. |
| --- | --- |
| 100 | 90. » |
| 200 | 180. » |
| 300 | 270. » |
| 400 | 360. » |
| 500 | 450. » |
| 1000 | 900. » |

Ne pas oublier qu'il faut *dix centimes* pour le timbre de la quittance en plus des droits.

Les eaux-de-vie sont imposées d'après leur degré, c'est-à-dire d'après la quantité d'alcool qu'elles contiennent; les tarifs ci-dessus ont été faits en conséquence. Lorsqu'on veut reconnaître la quantité d'alcool contenue dans les eaux-de-vie, il faut en multiplier la quantité par le degré et retrancher les deux derniers chiffres du produit; on doit augmenter le résultat de un litre si ces deux derniers chiffres font 50 ou plus.

Les liqueurs et fruits à l'eau-de-vie étant considérés comme alcool pur à 100 degrés, sont imposés de même.

## TRANSVASIONS en bouteilles des principaux fûts les plus en usage chez les Débitants exercés

(forcements compris).

| CONTENANCE en litres des fûts. | Quantité de Bouteilles aux capacités de : | | | | | | | |
|---|---|---|---|---|---|---|---|---|
| | **64c** | **65c** | **66c** | **67c** | **68c** | **69c** | **70c** | **71c** |
| 25 | 40 | 39 | 38 | 38 | 37 | 37 | 36 | 36 |
| 30 | 47 | 47 | 46 | 45 | 45 | 44 | 43 | 43 |
| 40 | 63 | 62 | 61 | 60 | 59 | 58 | 58 | 57 |
| 50 | 79 | 77 | 76 | 75 | 74 | 73 | 72 | 71 |
| 60 | 94 | 93 | 91 | 90 | 89 | 87 | 86 | 85 |
| 70 | 110 | 108 | 107 | 105 | 103 | 102 | 100 | 99 |
| 90 | 141 | 139 | 137 | 135 | 133 | 131 | 129 | 127 |
| 100 | 157 | 154 | 152 | 150 | 148 | 145 | 143 | 141 |
| 106 | 166 | 164 | 161 | 159 | 156 | 154 | 152 | 150 |
| 110 | 172 | 170 | 167 | 165 | 162 | 160 | 158 | 155 |
| 115 | 180 | 177 | 175 | 172 | 170 | 167 | 165 | 162 |
| 120 | 188 | 185 | 182 | 180 | 177 | 174 | 172 | 170 |
| 130 | 204 | 200 | 197 | 195 | 192 | 189 | 186 | 184 |
| 136 | 213 | 210 | 207 | 203 | 200 | 198 | 195 | 192 |
| 140 | 219 | 216 | 213 | 209 | 206 | 203 | 200 | 198 |
| 145 | 227 | 224 | 220 | 217 | 214 | 211 | 208 | 205 |
| 150 | 235 | 231 | 228 | 224 | 221 | 218 | 215 | 212 |
| 200 | 313 | 308 | 304 | 299 | 295 | 290 | 286 | 282 |
| 210 | 329 | 324 | 319 | 314 | 309 | 305 | 300 | 296 |
| 220 | 344 | 339 | 334 | 329 | 324 | 319 | 315 | 310 |
| 225 | 352 | 347 | 341 | 336 | 331 | 327 | 322 | 317 |
| 228 | 357 | 351 | 346 | 341 | 336 | 331 | 326 | 322 |
| 230 | 360 | 354 | 349 | 344 | 339 | 334 | 329 | 324 |
| 240 | 375 | 370 | 364 | 359 | 353 | 348 | 343 | 339 |
| 245 | 383 | 377 | 372 | 366 | 361 | 356 | 350 | 346 |

**Nota.** — Si, par hasard, on a un fût à transvaser en bouteilles, lequel ne figurerait pas sur ce Tableau, on n'aurait qu'à diviser la contenance du fût par la capacité moyenne des bouteilles ; la division étant faite, s'il existe un reste petit ou grand, on forcera d'une bouteille au résultat obtenu !

EXEMPLE : Une feuillette de 136 litres transvasée en bouteilles, dont la moyenne serait de 67 centilitres, donnerait 203 bouteilles ; il résulte de ceci que la Régie donne décharge de 136 litres pour prendre 203 bouteilles en charge. La transvasion faite, le Débitant de boissons consultera ensuite, dans ce livre, le Tableau qui porte pour titre : **Résultat de 323 règles de trois** (voyez page 38), qui lui fera connaître combien il devra vendre la bouteille de 67 centilitres pour ne pas entrer en perte !

# TABLE DES MATIÈRES.


Pages.

Avis aux employés des contributions indirectes (420,000,000 de calculs) .................................................... 3

Introduction.................................................... 5

Tarif des droits dus à la régie pour la vente des vins, cidres, poirés et hidromels, vendus soit par bouteille, par litre ou par fût, de .................................................... 8 à 27

Tableaux de la contenance des fûts et du prix de revient par litre (1,200 divisions), à l'usage des marchands de vins (explication). 28

Jaugeage et contenance des tonneaux .................................................... 29

Contenance en litres des fûts de divers pays. .................................................... 29

Tableaux de la contenance des fûts et du prix de revient par litre, de .................................................... 30 à 37

Résultat de 323 règles de trois, boissons en cercles vendues à la bouteille, à raison de.................................................... 38

Vidange des fûts.................................................... 40

Tableau des segments.................................................... 41

Nombre de litres qui restent dans les fûts de toutes contenances.................................................... 42 à 48

Droits sur l'alcool pur, soit à 100 degrés, liqueurs et fruits pour les débitants exercés (1er tableau).................................................... 49 à 50

Droits pour les débitants rédimés (2e tableau et observations) 51 à 52

Transvasion en bouteilles des principaux fûts les plus en usage chez les débitants exercés (forcements compris).................................................... 53


Paris, impr. de P. Dupont, rue J.-J. Rousseau (hôtel des Fermes), 41. (3391.9.8.)

# EN VENTE

### A LA

# LIBRAIRIE DES COMMUNES

*14, rue de la Sorbonne, à Paris.*

**Le Moniteur des Français,** par E. Boursin et Louis Gosselin, avocat à la cour Impériale de Paris (ouvrage de droit) volume in-12 de 866 pages, prix.................................................. 6 50

**Le Propagateur des Sciences Commerciales et Industrielles,** par Lombard de Cherdray, prix broché.......... 4 »

**Le Dictionnaire français,** par Sanger-Préneuf, 1 vol. relié de 444 pages, prix.................................................. 3 »

**Le Livre des femmes au XIXe siècle,** 1 vol. de 415 pages, prix relié 3 fr. 50, broché.................................. 5 »

**L'Histoire de l'Agriculture, du Commerce et de l'Industrie** en France, 1 vol. broché de 250 pages, prix broché, 2 francs, relié.................................................. 2 50

**Le Dictionnaire d'Anecdotes,** 1 volume cartonné de 428 pages, prix.................................................. 2 »

**La France sous Napoléon III,** 1 vol. de 240 pages prix broché, 1 fr. 50, et cartonné.................................. 1 75

**L'Histoire-Guide de Paris,** depuis son origine jusqu'à nos jours, 1 vol. broché de 332 pages, et 23 magnifiques dessins, prix... 3 »

**Le Martyr de Sainte-Hélène,** ou histoire de la captivité de Napoléon Ier au Rocher de Sainte-Hélène, 1 volume de 407 pages, prix broché, 3 francs, relié.................................. 3 50

**Le Calculateur pour tous,** suivi d'un grand tableau calculateur (100 sur 100) prix.................................. 1 50

**La Guerre d'Amérique,** 1 vol. broché de 240 pages, prix.. 1 50

**L'Indicateur du Commerce, de la Propriété et de l'Industrie,** 1 vol. broché de 140 pages, terminé par un grand tableau calculateur, prix broché, 1 fr. 50, cartonné.................. 1 75

**Le nouveau traité complet de la tenue des livres,** 1 beau volume de 320 pages, prix, broché, 3 fr. et relié.............. 3 50

**Le Vétérinaire pratique des Communes** expliqué d'une manière claire et précise, prix broché, 4 francs, relié...... 4 50

**L'Arbre historique et généalogique de la France,** à l'aide duquel on peut sans études apprendre l'histoire de toutes les dynasties qui se sont succédées, ainsi que les exploits de tous les rois de France, prix.................................. 3 »

---

L'Administration de la **LIBRAIRIE DES COMMUNES,** envoie *franco* à domicile tous les ouvrages qui lui sont demandés contre un mandat-poste du montant.

Paris. — Imp. Paul Dupont, 41, rue J.-J.-Rousseau (Hôtel des Fermes).

www.ingramcontent.com/pod-product-compliance
Lightning Source LLC
LaVergne TN
LVHW021819170726
843503LV00007B/3264